Johann Lafer

Das Diabetes-Journal-Kochbuch

Die moderne Diabetes-Küche

Bibliografische Information der Deutschen Bibliothek

Die Deutsche Bibliothek verzeichnet diese Publikation in der Deutschen Nationalbibliografie; detaillierte bibliografische Daten sind im Internet über <http://dnb.ddb.de> abrufbar.

ISBN: 978-3-87409-443-6

Band 4 der Ratgeber-Reihe der Zeitschrift „Diabetes-Journal“
ISSN 1614-7081

Bildnachweis: Matthias Neubauer (Titelbild, alle Rezeptfotos 42 - 144 und 146 - 150, 17, 35, 43, 59, 73, 87, 105); Mauritius (7,13, 20, 23, 29); Frank Schuppelius (9, 11, 15, 19, 25, 32, 33, 34, 36, 37, 38, 39, 42, 58, 72, 86, 104, 124, 125)

Autor
Johann Lafer
Le Val d'Or Restaurant GmbH
55442 Stromberg
www.johannlafer.de
stromburghotel@johannlafer.de

Lektorat
Kirsten Metternich, Günter Nuber

Reproduktion
City Repro, Mainz

KIRCHHEIM

1. Auflage 2007

Kaiserstraße 41, 55116 Mainz
www.kirchheim-verlag.de

Inhalt

Liebe Kochfreunde,

sind für Sie Essen und Genießen zwei Dinge, die unbedingt zusammengehören? Dann halten Sie gerade genau das passende Kochbuch dazu in Ihren Händen. Denn auch für mich darf beim Essen der Genuss auf keinen Fall zu kurz kommen. Die Lust am Essen und Genießen sowie die Liebe zum Kochen sind die Grundpfeiler meines Lebens und meiner täglichen Arbeit. Und das geht auch, wenn Sie Diabetes haben!

Längst müssen Sie als Diabetiker nicht mehr verzichten auf Kartoffeln, Nudeln oder Reis, viele Obstsorten – nicht mal mehr auf köstliche Desserts! Es kommt immer auf die Menge und die Art der Zubereitung an. Bei meiner Art zu kochen spielen Qualität und Frische der Produkte eine zentrale Rolle. Ich gebe Obst und Gemüse der Saison immer den Vorzug. Frisches Fleisch und Geflügel, fangfrischer Fisch und ein Strauß frischer Kräuter gehören für den guten Geschmack einfach dazu. Die eigentliche Kunst besteht aber darin, aus einfachen und guten Zutaten ein köstliches Gericht zu zaubern. Deshalb sind alle hier versammelten Gerichte – auch dank der exakten Beschreibung – für Hobbyköche und Neulinge am Kochtopf geeignet.

Als gebürtiger Österreicher habe ich in vielen Ländern dieser Erde einen reichen Schatz an kulinarischen Erfahrungen gesammelt. Mit diesem Kochbuch möchte ich Ihnen Klassisches und Exotisches näherbringen. Denn ich verstehe mich als Wanderer zwischen den kulinarischen Welten. Das inspiriert mich immer wieder dazu, die verschiedenen Stile miteinander zu kombinieren und neue Geschmacks- und Genusserlebnisse zu kreieren. Ist es nicht wunderbar, auf dem kulinarischen Weg andere Kulturen kennenzulernen und auf den Geschmack zu kommen?

In meinem Kochbuch finden Sie einen Korb voller köstlicher Gerichte, die Genuss und gesundheitliche Aspekte, die bei Diabetes wichtig sind, vereinen. Und das macht meine Rezepte für Sie so einzigartig. Sie müssen nicht Stunden in der Küche verbringen, um sie zu kochen: Meine Rezepte sind nicht aufwendiger als andere alltägliche Gerichte. Das Besondere für Sie als Diabetiker: Sie finden gleich neben jedem Rezept die Nährwerte inklusive der genauen Kohlenhydratangaben in BE und KE.

Ich lade Sie ein auf einen kulinarischen Streifzug. Suchen Sie eine leckere Vorspeise, einen köstlichen Hauptgang mit Fleisch, Fisch oder Geflügel? Soll es eine cremige Suppe sein oder eine Kreation, bei der kein Fleisch nötig ist? Selbstverständlich dürfen süße Köstlichkeiten nicht fehlen. Ob Kuchen, etwas Fruchtiges oder Cremiges: hier bleibt kein Wunsch unerfüllt. Ein wenig Theoretisches darf natürlich nicht fehlen. Deshalb finden Sie viele interessante Tipps, worauf Sie bei der Auswahl Ihrer Küchenutensilien achten sollten. Ich sage auch, worauf Sie beim Einkaufen achten sollten und welche Möglichkeiten es gibt, Fett zu sparen. Dazu habe ich praktische Tipps und Informationen rund um das Thema Essen und Trinken bei Diabetes – selbstverständlich nach den neuesten medizinischen Erkenntnissen.

Jetzt bleibt mir nur, Ihnen Freude und Erfolg beim Nachkochen meiner Rezepte zu wünschen. Lassen Sie sich inspirieren – komponieren Sie Ihr Menü. Oder wandeln Sie die Rezepte einfach nach Belieben ab. Alles ist möglich. Getreu meinem Motto: Das Leben schmeckt schön!

Herzlichst Ihr

Diabetes ist weit verbreitet

Diabetes ist eine weit verbreitete Stoffwechselerkrankung. Fast jeder kennt aus seinem Familien-, Freundes- oder Kollegenkreis einen Menschen, der Diabetes hat. In Deutschland werden rund 8 Prozent der gesamten Bevölkerung wegen Diabetes behandelt.

Vielleicht haben Sie schon einmal gehört, dass jemand von „schwerem Diabetes" gesprochen hat? Es gibt weder leichten noch schweren Diabetes, sondern zwei Formen: Typ-1- und Typ-2-Diabetes. Bei den meisten Erkrankten – deutlich über 90 Prozent – handelt es sich um einen Typ-2-Diabetes. Hier ist die Tendenz steigend, so dass mit einer stetigen Zunahme neu entdeckter Diabetesfälle zu rechnen ist. Schätzungen zufolge werden bis zum Jahr 2010 wahrscheinlich mehr als 8 Mio. Menschen hierzulande Diabetes haben. So dramatisch sich die Fakten lesen – es ist viel besser, zu wissen, dass man Diabetes hat, als lange Zeit unentdeckt mit hohen Blutzuckerwerten zu sein: Denn wenn die Diagnose Diabetes steht, kann jeder Betroffene entsprechend behandelt werden. Und den meisten geht es ab diesem Zeitpunkt einfach besser.

Jung und meist normalgewichtig:

Menschen mit Typ-1-Diabetes

Etwa 5 bis 10 Prozent aller Diabetiker haben einen Typ-1-Diabetes. Bei dieser Diabetesform stellt die Bauchspeicheldrüse ihre Insulinproduktion recht schnell ein. Wobei: Es gibt Ausnahmen, wo Betroffene teils noch Jahre nach der Diagnose Insulin produzieren – trotzdem: Die Insulinpflicht tritt auch hier – wie bei allen Typ-1-Diabetikern – über kurz oder lang ein.

Für Menschen mit Typ-1-Diabetes ist Insulin in Form mehrfacher Insulin-Spritzen oder mittels „Insulinpumpe“ lebenswichtig.

Wichtig: die Ernährung

Für Menschen mit Typ-1-Diabetes ist Insulin lebenswichtig.

Neben der täglichen Insulininjektion spielt auch die Ernährung eine wichtige Rolle. Genaue Kenntnisse über Inhaltsstoffe wie Eiweiße, Fette und die blutzuckerwirksamen Kohlenhydrate sind wichtig, um die entsprechende Insulinmenge darauf abzustimmen. Obwohl Typ-1-Diabetes häufig als „jugendlicher Diabetes“ bezeichnet wird, kann er in jedem Lebensalter auftreten. Typische Erkennungszeichen sind: starker Harndrang verbunden mit extremem Durst, massive Müdigkeit und Konzentrationsschwäche, Hautveränderungen (Ekzeme) und Hautpilzerkrankungen.

Warum habe ausgerechnet ich oder mein Kind einen Typ-1-Diabetes?, fragen sich viele Betroffene. Häufig kommt der Gedanke dazu, dass man eigentlich gar nicht so viel Zucker und Süßes isst. Deshalb ist vielen Betroffenen die Erstdiagnose völlig schleierhaft. Aber Typ-1-Diabetes bekommen die Menschen nicht, weil sie gerne naschen: Er gehört in den Kreis der „Autoimmunerkrankungen“. Das heißt: Der Körper bildet Abwehrstoffe gegen eigenes Gewebe, in diesem Fall gegen die Inselzellen der Bauchspeicheldrüse. Die insulinproduzierenden Zellen werden dadurch zerstört. Was der Auslöser für diesen Prozess ist, konnte bisher nicht abschließend geklärt werden. Jedoch ist die Wissenschaft bestrebt, die Ursachenforschung voranzutreiben. Studien laufen, um herauszufinden, ob man den Autoimmunprozess bremsen oder gar stoppen kann – bisher leider ohne Erfolg. Für Betroffene heißt das: Der Blutzucker beginnt zu steigen, wenn etwa 80 Prozent der insulinproduzierenden Zellen zerstört sind. Denn der Körper kann dann den Insulinmangel nicht mehr ausgleichen.

Alles eine Sache der Vererbung?

Typ-1-Diabetes kann vererbt werden. Trägt der Vater die Erbanlage, gibt er sie mit einer höheren Wahrscheinlichkeit an seine Kinder weiter, als wenn die Mutter Trägerin ist. Trotzdem liegt die Wahrscheinlichkeit, einen Typ-1-Diabetes zu vererben, bei gerade einmal drei bis fünf Prozent – im Gegensatz zum

Typ-2-Diabetes. Wichtig: In zahlreichen Familien hat weder ein Eltern- noch ein Geschwisterteil einen Typ-1-Diabetes. Möglich ist eine Vererbung auch, wenn beispielsweise nur entfernte Verwandte mit dieser Erkrankung bekannt sind. Die Erbanlage kann also unerkannt an den Betroffenen weitergegeben worden sein. Neben der Erbanlage forschen die Wissenschaftler nach weiteren Faktoren, die einen Typ-1-Diabetes hervorrufen.

Insulin und Ernährung: die Therapie

Menschen mit Typ-1-Diabetes sind also aufgrund ihres absoluten Insulinmangels auf die tägliche Insulinzufuhr von außen angewiesen. Heute gibt es drei Wege zum Ziel: Die häufigste und klassische Form ist die Insulinspritze, gefolgt von Insulinpumpen und seit neuestem mittels inhalierbarem Insulin. Geforscht wird derzeit, ob in Zukunft Insulintabletten und -pflaster eine sinnvolle Maßnahme bieten. Doch das steht noch in den Sternen.

Typ-1-Dabetiker sind meist jünger bei der Diagnose und nicht übergewichtig. Wie Fußball-Profi Dimo Wache vom 1. FSV Mainz 05.

Konventionell oder intensiviert?

Zwei verschiedene Therapiemodelle mittels Insulinspritze oder Insulin-Pen stehen zur Auswahl:
Bei der konventionellen Insulintherapie (CT) wird zwei- oder dreimal täglich Insulin nach einem festen Schema gespritzt. Das setzt einen relativ gleichmäßigen Tagesablauf voraus. In der Praxis heißt es: immer zur gleichen Tageszeit das Gleiche spritzen und die gleiche Kohlenhydratmenge essen. Eine recht unflexible Angelegenheit und einer der Hauptgründe, warum die Therapieform heute kaum noch praktiziert wird. Eine wesentlich freiere Form ist die „intensivierte Insulintherapie“: Hier wird mindestens einmal täglich „Verzögerungsinsulin“ oder ein langwirkendes Insulin gespritzt. Dazu kommt zu den Hauptmahlzeiten meist ein kurzwirkendes Insulin. Damit der Betroffene genau im Bilde ist, wie es um seinen Blutzucker steht, muss mindestens vor jeder Hauptmahlzeit und vor dem Schlafengehen der Blutzucker getestet werden. Dementsprechend wird die Insulindosis auf den aktuellen Blutzuckerwert abgestimmt. Wichtig ist hier auch die Menge der Kohlenhydrate (BE/KE), die zur jeweiligen Mahlzeit geplant sind. Auch darauf wird die Insulindosis angepasst.

Besser „intensiviert“!

Die meisten Menschen, die Diabetes haben, kommen mit dieser Therapieform besser zurecht als mit der konventionellen Therapie. Sie setzt jedoch voraus, dass Betroffene sich mit Insulindosisanpassungen und Kohlenhydratberechnung (BE/KE) auskennen. Viele Typ-1-Diabetker haben für sich eine Insulinpumpentherapie als erstes Mittel der Wahl auserkoren. Hier wird mittels eines Mini-Computers kontinuierlich über den Tag eine kleine Menge eines kurzwirkenden Insulins abgegeben. Wenn eine kohlenhydrathaltige (BE/KE) Mahlzeit gegessen wird, wird per Knopfdruck zusätzlich Insulin abgerufen. Damit der Umgang mit einer Insulinpumpe im Alltag funktioniert, ist eine entsprechende Schulung und Betreuung durch eine Diabetesberaterin und/oder durch einen Diabetes-Experten („Diabetologe“) sehr zu empfehlen.

DBV-winterthur
molten
uhlsport
uhlsport
Dimo Wache
Dimo Wache
SUPPORTFRAME
SUPPORTFRAME
ACENTEC

Oft etwas älter und gewichtiger:

Menschen mit Typ-2-Diabetes

Etwa 90 Prozent aller an Diabetes erkrankten Menschen haben einen Typ-2-Diabetes. Auch wenn diese Diabetesform meist im höheren Lebensalter auftritt, haben zunehmend auch Kinder Typ-2-Diabetes; heute gibt es bereits stark übergewichtige Kinder ab fünf Jahren, die Diabetes entwickeln.

Häufigste Gründe für das Entstehen eines Typ-2-Diabetes sind Übergewicht, insbesondere wenn sich das Fett am Bauch ansammelt, sowie Bluthochdruck, Fettstoffwechselstörungen infolge falscher Ernährung und Bewegungsarmut. Je ausgeprägter das Übergewicht ist und je länger es besteht, desto höher das Risiko. Ob und wann sich der Diabetes manifestiert, hängt aber vor allem von der genetischen Veranlagung ab.

Durch eine Änderung des Lebensstils kann man Typ-2-Diabetes verhindern. Die Ernährung spielt die zentrale Rolle.

Zuerst die gute Nachricht ...

Die gute Nachricht: Durch eine Änderung des Lebensstils, insbesondere dank einer gesunden, langfristigen und effektiven Gewichtsabnahme, kann die Krankheit vermieden werden. Das ist heute durch viele repräsentative Studien belegt. Wissenschaftler empfehlen eine gesunde, langfristige Gewichtsreduktion von etwa 5 Prozent. Sinnvoll und hilfreich ist eine reduzierte Fettmenge von 40 Gramm täglich. Dabei sollte der Fokus auf Pflanzenfette gelegt werden. Außerdem ist ballaststoffreiches Essen von Vorteil. Also gehören reichlich frisches Gemüse, Salat und Obst unbedingt dazu – am besten der Saison entsprechend ausgewählt. Neben einer fettbewussten und ballaststoffreichen Ernährung ist regelmäßige Bewegung ein Schlüssel zum Erfolg. Am besten ist es, drei- bis fünfmal die Woche 30 Minuten für ein Bewegungsplus zu sorgen, nach oben sind natürlich keine Grenzen gesetzt! Wer also seinen Lebensstil entsprechend dieser Empfehlungen umstellt, vermindert sein Diabetesrisiko deutlich; Blutzucker, Blutfette und Blutdruck bessern sich, und das sorgt für eine bedeutend höhere Lebensqualität.

Ursachen: Übergewicht und Bewegungsmangel

Bei Typ-2-Diabetikern produziert die Bauchspeicheldrüse zwar noch eine bestimmte Menge an Insulin – zum Teil über einen langen Zeitraum. Doch das Insulin wirkt aufgrund des Übergewichts und des Bewegungsmangels nicht richtig, es entsteht eine Insulin-Unempfindlichkeit („Insulinresistenz"): Insulin wirkt an Fett-, Leber- und Muskelzellen nicht mehr richtig – der Blutzucker steigt.

Um den Blutzucker in normaler Höhe zu halten, benötigt der Körper bei einer Insulinresistenz deutlich mehr Insulin als ein schlanker, stoffwechselgesunder Mensch. Zu Beginn kann die Bauchspeicheldrüse diesen Mehrbedarf ausglei-

Dass Essen auch mit Diabetes ein Genuss sein kann, zeige ich Ihnen mit meinen Rezepten, die ich speziell für Sie entwickelt, gekocht und verkostet habe.

chen: Sie produziert mehr Insulin und versucht den Blutzucker anfangs noch normal zu halten, bis sie kapituliert und es einfach nicht mehr schafft: Auch bei Menschen mit Typ-2-Diabetes beginnt dann eine sehr langsam fortschreitende Zerstörung der insulinproduzierenden Zellen. So kommt es auch bei diesem Diabetestyp nach Jahren oder Jahrzehnten dazu, dass Ernährung und Tabletten nicht mehr ausreichen und eine Insulintherapie nötig ist, um den Blutzucker im Normbereich zu halten.

Es ist nicht zu spät

Fast immer finden sich bei Menschen mit Typ-2-Diabetes weitere Familienangehörige mit dieser Diabetesform. Das Risiko, dass Typ-2-Diabetes vererbt wird, liegt etwa um das Zehnfache höher als für einen Typ-1-Diabetes. Hat ein Elternteil einen Typ-2-Diabetes, liegt die Wahrscheinlichkeit für die Kinder, den Typ-2-Diabetes zu erben, bei mindestens 30 Prozent. Sind beide Elternteile Diabetiker, steigt das Risiko auf 50 Prozent. Nicht jeder Mensch, der diese Erbanlage in sich trägt, muss auch tatsächlich Typ-2-Diabetes bekommen: Der Lebensstil trägt entscheidend dazu bei, ob er ausbricht oder nicht. Es ist also weder zu früh noch zu spät, etwas für sich und seinen Körper und gegen erhöhte Blutzuckerwerte und Typ-2-Diabetes zu tun.

Am Anfang steht das Abnehmen

Der Schlüssel zum Erfolg in der Behandlung des Typ-2-Diabetes ist eine gesunde und langfristige Gewichtsabnahme. Am besten klappt das mit mehr Bewegung. Wünschenswert wäre tatsächlich täglich mehr Bewegung – beispielsweise in Form strammen Spazierengehens! Doch auch bereits kleinste Veränderungen im Lebensstil können Großes bewirken. Klappt die alleinige Therapie mit der Lebensstiländerung nicht, kommen meist Tabletten dazu. Einige setzen direkt an der Ursache des Typ-2-Diabetes, der Insulinresistenz, an. Andere bremsen die Kohlenhydrataufnahme aus dem Darm oder steigern die Insulinausschüttung. Voraussetzung für eine Wirkung der oralen Antidiabetika ist aber, dass tatsächlich noch ausreichend eigenes Insulin vorhanden ist. Spätestens wenn die selbst produzierte Insulinmenge zu gering ist, müssen auch Typ-2-Diabetiker Insulin spritzen – um das zu ersetzen, was fehlt. Auch hier kommen sowohl eine konventionelle als auch eine intensivierte Insulintherapie in Betracht.

So oder so: Lebensstil ändern

Trotzdem ist es besonders bei Typ-2-Diabetes immer empfehlenswert, seinen Lebensstil zu ändern. So können Begleiterscheinungen wie Bluthochdruck, erhöhte Blutfett- und Harnsäurewerte sowie Übergewicht langfristig bekämpft werden. Außerdem schenkt der neue Lebensstil mehr Selbstbewusstsein. Und dank Bewegung werden Sie fitter und beweglicher – und das in jedem Alter. Worauf Sie beim Essen und Trinken achten sollten, erfahren Sie im nächsten Kapitel. Damit es auch wirklich klappt, habe ich viele praktische Tipps für Sie. Und dass Essen auch bei Diabetes ein Genuss sein kann, zeige ich Ihnen mit meinen Rezepten, die ich speziell für Sie entwickelt, gekocht und verkostet habe.

Bewusst genießen bei Diabetes

Abc der Ernährung: gesunder täglicher Genuss

Was das Thema Essen und Trinken bei Diabetes betrifft, hat sich in den letzten Jahren einiges verändert. Und das kommt Ihnen zugute! Was vor Jahren noch als Diabetes-Diät bezeichnet wurde, ist heute eine moderne, abwechslungsreiche und schmackhafte Diabetes-Küche, die sich nicht nur für Menschen mit Diabetes eignet.

„In meinen Rezepten habe ich immer frisches Obst, Gemüse, Salate oder Kräuter verwendet, denn das bringt den wirklich guten Geschmack."

Heute muss für ein Familienmitglied, das an Diabetes erkrankt ist, nicht mehr extra gekocht werden. Im Prinzip können Diabetiker fast alles essen – es kommt auf die Menge und Art der Zubereitung an sowie auf die Berücksichtigung der Kohlenhydrate („BE"/„KE", siehe Seite 27): und für Übergewichtige auch auf den Kalorien- und Fettgehalt. Die Diabetesforschung hat in den letzten Jahren Dinge möglich gemacht, die noch vor 15 Jahren unmöglich waren: Viele Betroffene benutzen heute Insulinpumpen, Menschen mit Typ-2-Diabetes praktizieren eine intensivierte Insulintherapie (ICT), und Zucker kann in einer Menge von maximal 10 Prozent der Tageskalorien gegessen werden. Trotzdem ist es für viele schwierig, mit Lebensmitteln, der Kohlenhydratberechnung, Diätprodukten und zuckerhaltigen Speisen und Getränken umzugehen: Denn der richtige Umgang mit kohlenhydrathaltigen Lebensmitteln (egal ob Zucker oder Kartoffeln und Co.) muss in jedem Fall trainiert werden. Ähnlich wie die Spritztechnik fürs Insulin. Nur so können Genuss und Therapieziele langfristig miteinander harmonieren.

Saisonales Obst und Gemüse – am besten täglich!

Viele Betroffene verzichten häufig auf normale Portionen Kartoffeln, Reis, Nudeln und Brot. Wenn sie Obst essen, dann hauptsächlich saure Äpfel. Und einen deftigen Eintopf mit Hülsenfrüchten gab es schon lange nicht mehr. Heute ist das anders. Jedes Obst – am besten der Saison entsprechend ausgewählt – und Hülsenfrüchte sind auch bei Diabetes sehr gesund und sollten regelmäßig auf dem Speiseplan stehen. Frisches Obst und Gemüse versorgen Ihren Körper mit natürlichen Vitaminen, Mineralstoffen und sekundären Pflanzenstoffen. Außerdem steckt in frischem Gemüse, Salat und Obst viele Ballaststoffe. Das kommt Ihrer Verdauung und Ihrem Blutzucker zugute. Ganz nebenbei schmeckt es auch noch richtig gut. Denken Sie nur

einmal an den Duft und Geschmack frischer Erdbeeren im Frühling oder an saftige Zitrusfrüchte und würziges Kohlgemüse im Winter. Ein Gedicht! In meinen Rezepten habe ich immer frisches Obst, Gemüse, Salate oder Kräuter verwendet, denn das bringt den wirklich guten Geschmack. Übrigens: Obst und Gemüse sind nahezu fettfrei und kalorienarm. Also willkommene Lebensmittel auf dem täglichen Speiseplan.

Ein Hoch auf die mediterrane und die asiatische Küche

Als optimale Diabetes-Ernährung wird heute vielerorts eine mediterrane Kost empfohlen; auch hier sind eine abwechslungsreiche Lebensmittelauswahl unbedingt wichtig sowie ein vernünftiger Einsatz von Pflanzenölen wie Olivenöl und anderen Fetten: Denn wenn alles in Öl schwimmt (was häufig bei mediterranen Speisen und Rezepten der Fall ist), schlagen auch diese „guten“ Fette als ein Plus auf der Waage zu Buche. Es muss auch nicht immer Olivenöl sein: Raps- oder Sonnenblumenöl sind quasi das „Olivenöl des Nordens“ und sehr empfehlenswert. Der häufig propagierte Genuss von Wein, hier speziell Rotwein, kann im Übermaß dem Körpergewicht mehr schaden als nutzen. Deshalb gilt auch hier die Devise: Genuss in kleiner Menge und ein paar alkoholfreie Tage in der Woche. Der Körper und besonders das Gewicht danken es.

Was Sie sich auf jeden Fall von mediterraner und asiatischer Küche abgucken können, ist die Verwendung von Gemüse und Obst. Kaum ein Gericht kommt hier ohne eine Portion Knackfrisches aus. Am besten ist natürlich immer, frisches Obst und Gemüse zu nehmen. Ist die Zeit knapp, empfehle ich Ihnen tiefgekühlte Gemüse und Früchte. Denn wenn es schnell gehen soll, bieten die ungewürzten, fettfreien Tiefkühlprodukte (Obst und Gemüse in Beuteln) eine gesunde Alternative zu Frischem.

Für das Diabetes-Journal stellte Johann Lafer seine Kochschule bereit – und lud Fußball-Profi Dimo Wache zur Kochstunde. Wache ist gelernter Metzgermeister.

Individuell Essen und Trinken hält Leib und Seele zusammen

Neben diesen Empfehlungen ist es besonders wichtig, dass jeder Mensch mit Diabetes einen Weg für sich findet, was, wieviel und wie oft er bestimmte Dinge isst: Denn Essen und Trinken hält bekanntermaßen Leib und Seele zusammen und soll obendrein auch Spaß machen. Wer beispielsweise keine Vollkornnudeln mag und sie mit Widerwillen isst, macht sich damit keine Freude. Sinnvoller wäre hier, die fehlenden Ballaststoffe der Nudeln durch einen knackigen Salat oder eine Portion frisches Obst zu ersetzen. So können viele Speisen nach persönlichem Gusto verändert werden und trotzdem diabetesfreundlich sein.

Die Mischung macht den Meister!

Bringen Sie Abwechslung und Farbe auf Ihren Tisch. Planen Sie Lieblingsspeisen ganz bewusst ein, denn es gibt keine kulinarischen Sünden. Wie heißt es in einem alten Sprichwort: „Die Menge macht das Gift.“ So sieht es auch in punkto Essen und Trinken aus. Denken Sie zusätzlich an regelmäßige Bewegung – ob zu Hause, im Freien, Verein oder Fitness-Studio. Die Mischung aus Essen, Trinken und Bewegung bringt den Erfolg.

JOHANN LAFER

Ein perfektes Erfolgstrio: Essen – Genießen – Trimmen

Eine abwechslungsreiche, bunte und knackige Kost ist also wichtig – und immer mehr auch die regelmäßige Bewegung! Gerade bei Übergewicht reicht es nicht aus, einzig und allein die Essgewohnheiten zu ändern. Viele Sportvereine und Diabetes-Selbsthilfegruppen bieten heute passende Möglichkeiten: Gymnastik, Yoga, Wandern, Schwimmen oder Nordic Walking stehen dort regelmäßig auf dem Programm. Die Lust auf Bewegung zahlt sich schnell aus: Blutzuckerwerte verbessern und stabilisieren sich, man fühlt sich fitter, leistungsfähiger und ist mental einfach besser aufgestellt. Wer sein Körpergewicht in den Griff bekommen möchte, tut sich mit regelmäßigem Training etwas Gutes. Und ist das Gewichtsziel erst einmal erreicht, schlagen auch kleine außergewöhnliche Tafelfreuden nicht mehr so zu Buche wie ohne Bewegung. Und das bringt dreifachen Genuss: für Gaumen, Seele und Körper.

Stellen Sie sich vor: Die meisten Menschen mit Typ-2-Diabetes könnten allein durch eine Gewichtsreduktion ihre Blutzuckerwerte wieder normalisieren. Bereits Änderungen wie Gewichtsabnahme von zwei bis drei Kilo sowie dreimal stramme Spaziergänge pro Woche verbessern die Stoffwechsellage. Deshalb besteht die Therapie für übergewichtige Typ-2-Diabetiker im wesentlichen darin, den Bereich des Normalgewichts anzusteuern.

Was ist Normalgewicht?

Mit Hilfe des Body-Mass-Index (BMI/Körpermassenindex) lässt sich das Körpergewicht objektiv bewerten. Der Kasten rechts zeigt Ihnen, wie das geht.

Wirklich abnehmen: Wie geht das?

Zuerst muss es im Kopf „klick“ gemacht haben. Sonst scheitert jeder Versuch über kurz oder lang! Die wichtigste Methode, um den grünen Bereich des Körpergewichts zu erreichen und damit auch die Stoffwechselsituation zu verbessern, ist eine ausgewogene fett- und kalorienreduzierte Ernährung. Der Körper benötigt täglich Energie, um alle Körperfunktionen aufrechtzuerhalten. Dazu dient die Energie aus

Grundbausteine der modernen Diabetes-Küche

- Erreichen der Blutzuckerzielwerte.
- Schulung der Betroffenen zum komplexen Thema Ernährung.
- Individuell angepasste tägliche Kohlenhydrat- und Kalorienmenge.
- Praktikabilität im Alltag.
- Berücksichtigung individueller Wünsche.
- Änderung des Essverhaltens zu einer gesunden, abwechslungsreichen Ernährungsform.
- Langfristige Reduzierung des Übergewichts.
- Regelmäßige, auf den Alltag abgestimmte Bewegung.

Berechnung des BMI

Formel zur Berechnung des BMI

$$\text{BMI} = \frac{\text{Körpergewicht (in kg)}}{\text{Körpergröße (in m)}^2}$$

Beispiel: 78 (kg): $(1{,}68\ \text{m})^2 = 27{,}7$

Ein guter BMI liegt:

- bei Frauen zwischen 19 und 25
- bei Männern zwischen 20 und 25
- ein BMI von 25 bis 30 bedeutet leichtes Übergewicht
- ein BMI über 30 steht für deutliches Übergewicht
- ab 40 spricht man von Fettleibigkeit

Lebensmitteln. Der Energiebedarf ist individuell verschieden, abhängig von Alter, Geschlecht, Körpergröße, Körpergewicht und Arbeitsintensität. Wer seinem Körper weniger Energie (Kalorien) zur Verfügung stellt, als er verbraucht, nimmt zwangsläufig ab. Wesentlich einfacher und effektiver klappt dies, wenn regelmäßige Bewegung ins Spiel kommt. Drei- bis fünfmal eine halbe Stunde pro Woche ist eine gute Basis. Wie wäre es mit regelmäßigem Spazierengehen, Fahrradfahren, Schwimmen, Nordic Walking oder einer Runde auf dem Heimtrainer? Auch mehr Bewegung im Alltag wie Treppensteigen oder mit dem Rad zum Einkaufen fahren sowie Gartenarbeit oder Gassi gehen mit dem Hund eignen sich prima.

Bewusst genießen bei Diabetes

Von Eiweiß, Fett und Kohlenhydraten

Für jeden Menschen wäre es wünschenswert, dass seine Nahrung optimal hinsichtlich gesundheitlicher Aspekte zusammengestellt ist. Nun weiß man, dass dieser fromme Wunsch ein Wunsch bleibt. Wer sich gesund ernähren möchte, sollte die Hauptnährstoffe kennen bzw. deren Anteil an der jeweiligen Nahrung: Eiweiß, Fett, Kohlenhydrate. Denn sie wirken aufs Gewicht.

Die Hauptnährstoffe der Nahrung sind Kohlenhydrate, Fett und Eiweiß. Sie liefern unterschiedliche Mengen an Energie, gemessen in Kilokalorien (kcal) oder Kilojoule (kJ):

- 1 g Fett liefert ca. 9 kcal bzw. 38 kJ
- 1 g Eiweiß liefert ca. 4 kcal bzw. 17 kJ
- 1 g Kohlenhydrate liefert ca. 4 kcal bzw. 17 kJ

Eine optimale Zusammenstellung der Nahrung ist für jeden Menschen wichtig. Dabei ist es entscheidend, die Hauptnährstoffe in einem ausgewogenen Verhältnis zu kombinieren. Eine optimale Nährstoffverteilung sieht so aus:

Fett: Geben Sie Qualität den Vorzug!

Fett (F) hat von den Hauptnährstoffen den höchsten Energiegehalt (9 kcal in einem Gramm). Es ist in tierischen wie in pflanzlichen Lebensmitteln enthalten. Eine über lange Zeit sehr fettreiche Lebensmittelauswahl ist eine der Haupt-

Eine optimale Nährstoffverteilung sieht so aus

50 bis 55 % der Gesamtenergie in Form von Kohlenhydraten

max. 30 bis 35 % der Energie durch Fett

15 bis 20 % der Energie in Form von Eiweiß

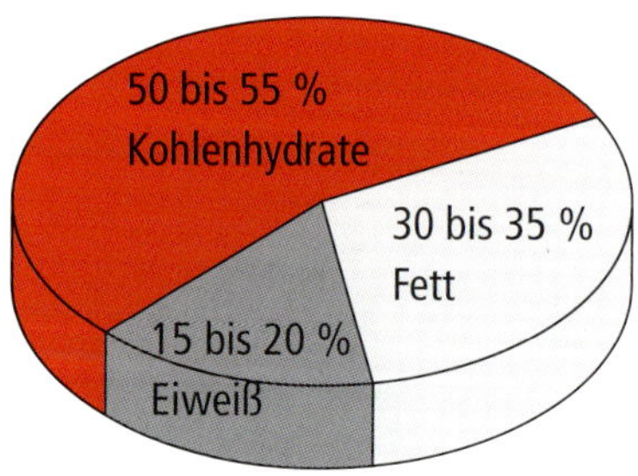

ursachen für Übergewicht und erhöhte Blutfettwerte. Langfristig führt das zu krankhaften Gefäßveränderungen. Trotzdem müssen Sie nicht komplett auf Fett verzichten – das wäre sogar ungesund. Denn bestimmte Fette sind für den Körper lebensnotwendig, und er kann sie nicht selbst herstellen.

Fett ist lebensnotwendig

Es kommt also neben der Quantität auf die Qualität an. Deshalb empfehle ich Ihnen, lieber kleine Mengen an Fett zu essen, aber mit entsprechend guter Qualität.

Fett wird in drei Arten unterschieden: in gesättigte, einfach ungesättigte und mehrfach ungesättigte Fette. Gesättigte Fette (GF) – häufig Bestandteil von Fertigprodukten, Wurst, Fleisch, Käse und Gebäck – sind für eine bewusste Ernährung praktisch nicht nötig. Neben Kalorien liefern sie reichlich Cholesterin, das sich negativ auf die Blutfette auswirkt. Deshalb ist es sinnvoll, diese Lebensmittel bewusst und sparsam zu essen. Nehmen Sie eher mageres Fleisch, Geflügel, fettarmen Fisch und Milchprodukte sowie Käse mit maximal 40 % Fett in der Trockenmasse. Statt Sahne und Butter zum Kochen bieten sich beispielsweise fettreduzierte Sahneprodukte und Pflanzenöle an.

Einfach ungesättigte Fette (EUF) sind für eine gesunde Ernährung am wertvollsten. Besonders reichlich sind sie in Pflanzenölen wie Oliven- und Rapsöl enthalten. Außerdem können sie dazu beitragen, den schlechten Anteil des Cholesterins, das „LDL-Cholesterin", zu senken. Doch auch hier gilt: Viel hilft nicht viel, denn jedes Fett hat den gleich hohen Kaloriengehalt. Mehrfach ungesättigte Fette (MUF) sind neben einfach ungesättigten Fetten die zweitwichtigste Fettgruppe für eine gesunde Ernährung. Auch sie können sich – sparsam dosiert – positiv auf den Cholesterinspiegel auswirken. Sie sind in vielen Pflanzenölen

Einfach ungesättigte Fette sind wertvoll für eine gesunde Ernährung. Sie sind vor allem in Oliven- und Rapsöl enthalten.

wie Distel-, Sonnenblumen- oder Leinöl enthalten.

Fette: So haushalten Sie bewusst und sparsam damit

Versuchen Sie mit insgesamt 60 bis 80 Gramm (g) Fett am Tag auszukommen. Wenn Sie abnehmen möchten, reduzieren Sie Ihre Tagesfettmenge am besten auf etwa 40 g. Folgende Tipps helfen Ihnen, die Fettmenge im Blick zu halten:

- Streichen Sie maximal 20 g (ca. zwei gestrichene Esslöffel) Margarine oder Halbfettmargarine, die reich an einfach und mehrfach ungesättigten Fetten sind, aufs Brot.
- Zum Kochen und Braten empfehle ich pro Tag und Portion 20 bis 25 g (zwei bis drei Esslöffel), bevorzugt als Pflanzenöl.
- Planen Sie max. 30 g für versteckte

Fette ein: aus Wurst, Käse, Milch-, Fertigprodukten, Fleisch, Saucen, Kuchen, Gebäck etc.

- Essen Sie max. dreimal pro Woche fettarmes Fleisch (Rohgewicht: ca. 150 g) wie Geflügel, Schwein, Lamm oder Rind ohne Fettmarmorierung.
- Bevorzugen Sie bei Aufschnitt Geflügelprodukte, Schinken ohne Fettrand und fettreduzierte Produkte.
- Essen Sie mindestens einmal pro Woche frischen Seefisch.
- Knackiges Gemüse und Salat sollten grundsätzlich den Hauptteil Ihrer Mahlzeiten ausmachen, Fleisch und Sauce sind Beiwerk.
- Geben Sie Oliven- und Rapsöl statt Mayonnaise, Salatcreme oder Joghurt den Vorzug für Ihre Salatsauce.
- Zum Dünsten und Kochen empfehle ich Raps- und Olivenöl. Eine genaue Dosierung der Ölmenge ist mit Tee- und Esslöffel möglich. Ein Teelöffel Öl entspricht 5 g Fett, ein Esslöffel beinhaltet 10 g Fett.
- Mit Zubereitungsarten wie Dünsten, Grillen und Kochen klappt die fettarme Zubereitung besonders gut. Und das am besten in beschichteten Töpfen und Pfannen sowie Brat- und Garfolien. Hier brauchen Sie oft kein zusätzliches Fett.

Greifen Sie bei der Gemüseauslage richtig zu! Und überhaupt: Bevorzugen Sie frische Lebensmittel, denn sie sind meist fettärmer als Fertiggerichte.

Einkaufen: Am Anfang steht der Einkaufszettel

Wer kennt das nicht: Der Einkauf im Supermarkt ist getan und der Einkaufswagen prall gefüllt. Dabei wollte man doch nur eben schnell rein, um zwei Dinge zu besorgen. Heutzutage ist es aber gar nicht so leicht, durch einen Supermarkt zu gehen, ohne „schwach“ zu werden. Denn die Marketingexperten lassen sich einiges einfallen, damit wir alle zugreifen. Die engen Gänge zum Beispiel, die uns daran hindern, schnell um die Ecke oder an den anderen Kunden vorbei zu kommen. So halten wir uns länger auf und greifen eher zu.

Das Wasser läuft im Mund zusammen

Auch Auge, Nase und Ohr werden beim Einkaufen einbezogen: Denken Sie an die nette Stimme aus dem Lautsprecher, die Lust macht auf ein Sonderangebot; oder an den Duft von frisch Gebackenem, wenn wir uns dem Bäcker nähern – ob er nun vom frisch gebackenen Brot oder von einer Aromasäule verströmt wird. Der Effekt ist immer der gleiche: Uns läuft das Wasser im Mund zusammen, und man greift zu. Um diesen Verlockungen zu widerstehen, brauchen Sie nur ein paar Tipps zu befolgen:

Nicht hungrig einkaufen gehen

Wer vor dem Einkauf einige Minuten in den Einkaufszettel investiert, kann sich viel Ärger ersparen, weil so nicht mehr so einfach etwas vergessen wird. Außerdem setzt man sich beim Schreiben des Zettels damit auseinander, welche Lebensmittel man wirklich braucht, und kommt dann später nicht so leicht in die Versuchung, einen Spontankauf zu tätigen. Gehen Sie nicht hungrig einkaufen. Das verleitet nur zum unnötigen Essen. Mit knurrendem Magen landet oft mehr im Einkaufswagen als ursprünglich geplant. Mit einem Einkaufszettel und etwas Standfestigkeit bewaffnet lässt sich der Einkauf leicht bewerkstelligen, ohne allzu oft der Versuchung zu erliegen. Dafür kann man sich dann von Zeit zu Zeit

Kartoffeln
1,29
Kartoffeln

mit einem „Lustkauf" belohnen. Kaufen Sie am besten Packungsgrößen, die zu Ihrem Haushalt passen: Wenn zwei Personen im Haus leben, ist eine Familienpackung zu groß. Werfen Sie einen Blick auf die Zutatenliste der Fertigprodukte. Rangieren Fett und Zucker in vorderster Reihe, lassen Sie das Lebensmittel besser im Regal: Denn hier sind alle Zutaten nach ihrer Menge in absteigender Folge aufgelistet. Steht Zucker an fünfter Stelle der Zutatenliste, hat er keine Auswirkung auf den Blutzuckerspiegel. Greifen Sie im Gemüseregal richtig zu. Bevorzugen Sie frische Lebensmittel, aus denen Sie Saucen, Suppen oder Menüs kochen. Fertiggerichte sind sehr fettreich.

Das lebenswichtige Eiweiß

Eiweiß (EW) ist in tierischen und pflanzlichen Lebensmitteln enthalten und liefert pro Gramm 4 Kilokalorien. Eiweiß (Protein) ist der Oberbegriff für viele lebenswichtige Bestandteile – die Aminosäuren; aus ihnen bildet der Organismus sein Körpereiweiß. Eine Kombination aus tierischem und pflanzlichem Eiweiß innerhalb einer Mahlzeit (wie Kartoffeln mit Quark, Nudelauflauf mit Ei, Müsli mit Milch) wird vom Körper am besten zu körpereigenem Eiweiß aufgebaut. Empfohlen wird eine tägliche Menge von 0,8 Gramm Eiweiß pro Kilogramm Körpergewicht – oder maximal 15 bis 20 Prozent der Gesamtenergiemenge. Auch wer abnehmen möchte, sollte seine tägliche Eiweißmenge immer vom aktuellen Ausgangsgewicht (Ist-Gewicht) berechnen. So wird verhindert, dass Eiweiß aus Muskeln und Zellen abgebaut und in Energie umgewandelt wird. Denn dafür sollen primär Fette verbrannt werden.

Kohlenhydrathaltige Lebensmittelgruppen:

- Brot und Getreideerzeugnisse
- Körner und Mehle
- Reis und Teigwaren
- Kartoffeln und Kartoffelerzeugnisse
- kohlenhydratreiches Gemüse, z. B. Erbsen, Mais, Kidneybohnen
- Obst und Obsterzeugnisse
- Milch und Milchprodukte
- Zuckeraustauschstoffe, Zucker und zuckerhaltige Produkte
- Lebensmittel, die neben Fett und Eiweiß auch Kohlenhydrate enthalten, z. B. paniertes Schnitzel, Pizza, Nudelauflauf etc.

Kohlenhydrate bewirken den Blutzuckeranstieg

Ein Gramm Kohlenhydrate liefert dem Körper vier Kilokalorien. Kohlenhydrathaltige Nahrungsmittel bewirken einen Blutzuckeranstieg. Ob eher gemäßigt oder schnell, hängt entscheidend von der Zusammensetzung der Lebensmittel ab: Bei Orangensaft ist der Anstieg schneller als bei der frischen Orange. Baguette treibt den Blutzucker rasanter in die Höhe als Vollkornbrot. Der Zuckeranstieg im Blut wird durch ballaststoffreiche und fetthaltige Nahrungsmittel verzögert. Empfohlen wird ein täglicher Kohlenhydratanteil von 50 Prozent. Je ballaststoffreicher die Lebensmittelauswahl, um so besser ist es für den Blutzuckerspiegel, die Verdauung, das Sättigungsgefühl und zur Senkung erhöhter Blutfette.

Kohlenhydrathaltige Lebensmittel beeinflussen wie gesagt den Blutzuckerspiegel. Für einen leichten und besseren

Umgang werden sie in einer bestimmten Maßeinheit - der BE (Broteinheit) oder KE (Kohlenhydrateinheit) berechnet. Für eine BE werden 12 g verdauliche und für eine KE 10 g verdauliche Kohlenhydrate berechnet.

Wie viele Kohlenhydrate sind drin? „BE" oder „KE"

Die BE oder KE zeigt Ihnen, wieviel Sie von einem kohlenhydrathaltigen Lebensmittel pro Einheit essen können. Sie sagt aber nichts über die Geschwindigkeit des Blutzuckeranstiegs aus. So enthält eine kleine Scheibe Vollkornbrot (30 g) ebenso wie ein halber Kartoffelknödel (50 g) eine BE. Die Wirkung auf den Blutzuckerspiegel ist jedoch sehr verschieden: Das Brot liefert neben Kohlenhydraten Ballaststoffe; sie sorgen für einen gemäßigten Blutzuckerverlauf. Der Kartoffelkloß liefert im Verhältnis dazu kaum Ballaststoffe und macht sich schneller im Blutzucker bemerkbar.

Achten Sie auf einen niedrigen „Glykämischen Index"

Um zu bestimmen, wie schnell sich die Kohlenhydrate aus einem Lebensmittel im Blut bemerkbar machen, gibt es den „Glykämischen Index" (GI oder Glyx genannt). Maßgabe für den GI ist Traubenzucker, der in einer Menge von 50 Gramm einem GI von 100 entspricht. Baguette hat einen GI von 95, Weißbrot 71, Croissants 67, Milch 32 und Linsen 29. Je niedriger der GI, um so besser ist es für den Blutzuckerspiegel.

Ballaststoffe: perfekt für gute Blutzuckerwerte

Ballaststoffe haben ihren Ursprung in pflanzlichen Lebensmitteln. In allen tierischen Produkten sind sie natürlich nicht enthalten. Die Stars in punkto Ballaststoffgehalt sind Getreideprodukte. Sie regen die Darmtätigkeit am besten an. Mindestens die Hälfte der täglichen Ballaststoffmenge von insgesamt 30 Gramm sollten daher in Form von Getreideprodukten gegessen werden. Wichtig: Zur ballaststoffreichen Kost ist es nötig, reichlich zu trinken. Denn nur dann können Ballaststoffe gut quellen und ihre Wirkung voll entfalten. Besonders reich sind sie in Vollkornprodukten wie Vollkornreis, Müsli oder Vollkornbrot enthalten. Auch Hülsenfrüchte, Sojabohnen, Kartoffeln, frisches Obst, Gemüse und Rohkost sowie Nüsse sind natürliche Ballaststofflieferanten. Tipp: Je ballaststoffreicher Sie essen, um so besser ist das für Ihren Blutzuckerverlauf.

Der Glykämische Index (GI) verschiedener Lebensmittel

Hoch	Mittel	Niedrig
Weißbrot	Roggenbrot	Vollkornbrot
Pommes frites	Klöße	Nudeln aus Hartweizen
Minutenreis	Gnocchi	Parboiled Reis, Vollkornreis
Laugengebäck	Pizza mit Käse und Gemüse	Hülsenfrüchte
Kartoffelpüree	Pellkartoffeln	fettarme Milchprodukte

Die genussvolle Seite des Lebens:

Süßes & Getränke

Dürfen Diabetiker nun Süßes essen oder nicht? Die Frage ist ein Evergreen. Klare Antwort: Ja, aber … Der andere Evergreen: Wieviel soll ich nun täglich trinken, und wie ist das noch mal mit dem Kaffee – wird er bei der Flüssigkeitszufuhr angerechnet oder nicht? Dürfen Diabetiker Alkohol trinken? Hier die Antworten.

Am besten für Ihren Körper ist es, wenn Sie täglich zwei Liter kalorienfreie Flüssigkeit trinken. Dafür eignen sich Mineralwasser, Früchte- und Kräutertees. Kaffee sowie grüner und schwarzer Tee sollten nicht mehr als einen halben Liter Ihrer täglichen empfohlenen Flüssigkeitszufuhr ausmachen. Auch mit Süßstoff gesüßte kalorienarme Limonaden und colahaltige Light-Getränke sind in Maßen möglich. Sie sind fast kohlenhydratfrei und enthalten maximal 20 kcal/100 ml. Deshalb passen sie als Getränkeabwechslung auch zur kalorienarmen Kost. Ganz wichtig: Trinken Sie alkohol- und kalorienfreie Getränke regelmäßig über den Tag verteilt. Wenn sich Durst meldet, ist der Körper bereits in einem Mangelzustand.

Im Wein liegt Wahrheit … wirklich?

Alkoholische Getränke enthalten reichlich Kalorien in flüssiger Form. Besonders wenn Sie abnehmen möchten, ist es ratsam, Alkohol nur in Ausnahmefällen zu trinken. Denn Alkohol hat neben Fett den höchsten Kaloriengehalt (pro Gramm ca. 7 kcal). Außerdem hat er eine appetitanregende Wirkung und verhindert den Fettabbau im Körper. Je hochprozentiger bzw. je mehr getrunken wird, desto stärker wird die Leber belastet. Regelmäßiger Alkoholkonsum kann die Blutfette (besonders Triglyzeride) in die Höhe treiben. Außerdem enthalten alkoholische Getränke oft Zucker, so dass süße Weine und Sekt, Bier (auch alkoholfreies und Light-Bier), Aperitifs und Cocktails noch zusätzliche Kalorien liefern. Alkohol kann unerwünschte Unterzuckerungen fördern! Besprechen Sie deshalb mit Ihrem Arzt, was Sie beim Genuss von alkoholischen Getränken beachten sollten.

Praktische Tipps

Praktische Tipps für den Alkoholgenuss

- Alkohol nie auf leeren Magen trinken.
- Immer in Verbindung mit einer kohlenhydrathaltigen Mahlzeit genießen.

- Alkohol nur als Genussmittel in kleinen Mengen konsumieren.
- Alkohol nur trinken, wenn es ohne Gefahr für die Gesundheit ist.
- Denken Sie an den hohen Energiegehalt von Bier, Wein und Co.
- Alkohol kann zu gefährlichen Unterzuckerungen führen. Deshalb lieber weniger, aber dafür mit Genuss trinken!
- Wie Sie Ihre Insulindosis vor und nach Alkoholgenuss anpassen, besprechen Sie bitte mit Ihrem Diabetes behandelnden Arzt. Meist wird für alkoholische Getränke kein Insulin gespritzt.

Ist Süßes trotz Diabetes möglich?

Trotz Diabetes können Sie sich ab und zu einen süßen Genuss gönnen – getreu dem Motto: „Die Dosis macht das Gift". Wenn Sie etwas Süßes essen, dann bitte mit Genuss, und nicht im Vorbeigehen. Das macht zufrieden und kein schlechtes Gewissen. Probieren Sie es aus: Lassen Sie ein Stück Schokolade langsam auf der Zunge zergehen. Der Effekt ist so intensiv, als hätten Sie eine halbe Tafel auf die Schnelle gegessen. Auch Haushaltszucker (Saccharose) als Bestandteil von Lebensmitteln ist heute in kleiner Menge möglich. Jedoch als Tausch gegen Süßstoff eher ungeeignet. Bleiben Sie bei der Speisenzubereitung möglichst bei kalorienfreien Süßstoffen.

Flüssig, als Tablette und zum Streuen: kalorienfreie Süßstoffe

Süßstoffe sind eine kalorienfreie Alternative zu Zucker und Zuckeraustauschstoffen. Sie haben keine Auswirkung auf den Blutzuckerspiegel, sind kalorienfrei und dabei besonders zahnfreundlich. Die kalorien- und kohlenhydratfreien Süßstoffe bezeichnet man auch als Zuckerersatzstoffe. Süßstoffe sind als Tabletten, Flüssig- und Streusüße erhältlich. Eine Süßstofftablette entspricht einem Teelöffel Zucker. Ein Teelöffel Flüssigsüße entspricht der Menge von vier gehäuften Esslöffeln Zucker oder Zuckeraustauschstoffen. Außer Aspartam sind alle Süßstoffe koch- und backfest. Einfrieren können Sie jede mit Süßstoff gesüßte Speise.

Zuckeraustauschstoffe – heute nicht mehr zwingend nötig

Zuckeraustauschstoffe wie Fruchtzucker oder Sorbit schmecken meistens etwas süßer als Zucker und werden in der Küche wie Zucker eingesetzt. Sie spielen in der modernen Diabeteskost eine untergeordnete Rolle. Auf den Blutzuckerspiegel haben sie nur eine geringe Wirkung. Doch ihr Kaloriengehalt ist dem von herkömmlichem Zucker gleich. Häufig sind sie Bestandteil in vielen Diätsüßigkeiten und Diätgebäck. Wenn Sie Übergewicht haben, denken Sie daran, dass mit Zuckeraustauschstoffen gesüßte Lebensmittel genausoviel Fett und Kalorien enthalten wie normal gezuckerte Produkte. Deshalb sind sie keine geeignete Alternative zur Gewichtsreduktion. Ein hoher Verzehr von Zuckeraustauschstoffen kann zudem abführend und stark blähend wirken.

Zucker in kleiner Menge möglich

Laut der Deutschen Diabetes-Gesellschaft (DDG) kann der Zuckeranteil der modernen Diabeteskost bei etwa 10 Prozent der täglich aufgenommenen

Energiemenge liegen. Zucker muss dabei immer als Energie- und BE/KE-Lieferant berücksichtigt werden. Denken Sie daran: Können heißt nicht müssen! Wenn das Körpergewicht bereits einen „BMI“ (Body-Mass-Index) über 26 erreicht hat, sollten Sie so wenig Zucker wie möglich zu sich nehmen. Auch in meinen Rezepten habe ich ganz bewusst die Zuckermengen sehr niedrig gehalten und den kalorienfreien, flüssigen Süßstoffen den Vorzug gegeben. Probieren Sie es aus, Sie werden überrascht sein, wie gut das klappt und wie lecker es trotzdem schmeckt!

Diätprodukte sind nicht immer bei Diabetes geeignet

Der Begriff „Diät“ verwirrt und weckt häufig falsche Vorstellungen. Er wird nicht nur für kalorienarme oder diabetesgeeignete Produkte verwendet, sondern beispielsweise auch für Sonderkostformen.

Geeignete Diabetikerlebensmittel

- Künstliche Süßstoffe in flüssiger, Tabletten- oder Streuform.
- Lebensmittel, die statt Zucker Süßstoffe enthalten und so zuckerreduziert sind. Dazu gehören Marmelade, Konfitüre, Diätfruchtjoghurt und energiefreie bzw. -arme Diätlimonaden und Erfrischungsgetränke („Light-Getränke“).

Überflüssige Diabetikerlebensmittel

- Diabetiker-Kuchen, -Süßigkeiten, -Schokolade (enthalten die gleiche Menge Fett und Kalorien wie herkömmliche Lebensmittel).
- Diabetiker-Spezialbrote, -Puddingpulver, -Mehle, -Zwieback.

Fettbewusst genießen im Restaurant

Sicher werden Sie hin und wieder ins Restaurant gehen. Da ich selbst zwei Restaurants betreibe, weiß ich, worauf Sie bei Ihrer Bestellung achten sollten. Ich empfehle Ihnen folgendes:

Vorspeisen

Klare Brühen und Bouillon ohne Nudeln, Reis etc.
Salat mit Essig- und Öl-Marinade

Hauptgänge

Unpanierte Gerichte
Gemüse ohne Hollandaise oder Sahnesauce
Saucen in einer Extrasauciere bestellen
Fritiertes gegen Gegrilltes tauschen
Pommes frites gegen Kartoffeln, Püree, Reis oder Nudeln tauschen

Desserts

Obstsalat
Fruchtgelee
Sorbet
Espresso ohne Zucker

Setzen Sie auf Qualität und Frische

Kochtipps für den Alltag

Mein Credo für Sie lautet: „Je frischer die Zutaten, um so köstlicher ist das Ergebnis. Setzen Sie auf Qualität und auf Frische." Wer das beherzigt, für den sind es nur noch wenige Schritte hin zu einer feinen und gesunden Küche. Tipps für Ihren Weg dahin gibt es auf den folgenden Seiten.

Je frischer die Zutaten, um so köstlicher das Ergebnis. Setzen Sie auf Qualität und Frische ...

Ein selbst gekochtes Menü lebt nicht nur von der Liebe zum Kochen, sondern auch von Qualität und schonendem Umgang mit den Zutaten. Damit das klappt, habe ich für Sie ein paar wichtige Tipps fürs Handwerkszeug. Zunächst ist ein kleiner Vorrat ideal: Kartoffeln, Nudeln, Reis, Gewürze und zwei bis drei Pflanzenölsorten. Kühl und trocken gelagert, bleibt der Vorrat lange frisch und behält seine gute Qualität.

„Kochen verbindet", sagt Johann Lafer. Spontan lud er für das Diabetes-Journal Profi-Fußballer und Diabetiker Dimo Wache zur Kochstunde in seiner Schule „Table d'Or".

Alles frisch: je nach Saison auswählen!

Frisches Obst und Gemüse gehören zum täglichen Essen einfach dazu. Wie Sie beides in köstlichen Gerichten verarbeiten, sehen Sie in meinen Rezepten. Hinzu kommt, daß Sie mit Obst und Gemüse einen wertvollen Beitrag für Ihre Gesundheit leisten. Denn zwei Portionen Obst und drei Portionen Gemüse – frisch oder gekocht – sollten es am besten täglich sein. Legen Sie Wert auf Frische, und kaufen Sie saisonale Produkte. Die besten Erdbeeren und Spargel gibt es im Mai und Juni, fruchtige, vollreife Tomaten in den Sommermonaten und vitaminreichen Kohl in Herbst und Winter.
Auch für Fleisch und Fisch gilt: je frischer, um so besser ist der Geschmack.

www.johannlafer.de

In meinen Rezepten bediene ich mich gerne am bunten Strauß frischer Kräuter. Sie vollenden jedes Gericht. Und eine Sauce schmeckt erst so richtig rund, wenn aromatische Kräuter ins Spiel

Dimo Wache: „Gemüse kaufen wir grundsätzlich frisch beim Bauern. Fleisch kaufen wir natürlich in der Metzgerei, weil ich da sicher sein kann, dass ich Qualität bekomme."

kommen. Die Kräuter haben jeweils ihre ganz individuelle Note, und damit fällt es Ihnen automatisch leichter, weniger Salz zu verwenden – das ist gut für Ihren Blutdruck! Zusätzlich schenken Ihnen frische Kräuter Vitamine, Mineralstoffe und die wichtigen sekundären Pflanzenstoffe (gut gegen Arterienverkalkung!): So freuen sich Gaumen und Körper.

Gewürze: das Tüpfelchen auf dem i

Neben aromatischen Kräutern ist die Welt der Gewürze ein unentbehrlicher Bestandteil meiner Rezepte. Mal soll es mediterran sein, dann wieder mit asiatischer Schärfe oder orientalischer Note. Oder einfach einmal ganz klassisch. Es ist schon toll, dass man hierzulande heute fast alle Gewürze der Welt kaufen kann. Damit wird jedes noch so einfache Gericht zu einer kulinarischen Kostbarkeit. Damit Gewürze nicht an Geschmack verlieren, gebe ich frisch Gemahlenem den Vorzug. Dazu eignen sich Gewürzmühlen mit Keramikmahlwerk. Zahlreiche Gewürze werden heute auch schon in kleinen Gewürzmühlen angeboten, eine gute Möglichkeit. Damit die Gewürze Geschmack und Farbe behalten, empfehle ich, sie dunkel und kühl zu lagern. Gut eignen sich dazu Küchenschrank und Speisekammer. Optimale Gewürzgefäße sind spezielle Behälter, z. B. Top Serve Schalen, die luftdicht verschlossen werden können, oder dunkle Gläser mit Schraubverschluß. Eine Ausnahme gilt für Knollengewürze wie frischer Ingwer und Knoblauch: Sie fühlen sich besonders wohl in luftdurchlässigen Körben oder Tontöpfen. Nebenbei sieht es auch noch appetitlich und schön aus. Frische Kräuter wie Petersilie, Schnittlauch oder Basilikum stellen Sie nach dem Kauf direkt in ein Glas mit kaltem, frischem Wasser.

Ein bunter Strauß frischer Kräuter: „Sie vollenden jedes Gericht!" sagt Johann Lafer.

Schneiden Sie vorher die Stiele an und entfernen den Gummiring, womit diese zusammengebunden sind. Für eine längere Aufbewahrung können Sie die Blät-

ter auch von den Stielen zupfen und in einem verschlossenen Frischhaltebeutel im Kühlschrank lagern.

Waches Lebensphilosophie: „Ich lebe ganz normal mit dem Diabetes. Ich lasse mir vom Diabetes ganz sicher nicht die Lebensqualität nehmen, die ein jeder hat und braucht."

Jedes Handwerk braucht die richtigen Utensilien

Johann Lafer: „Je besser die Qualität von Topf und Pfanne, desto höher ist deren Lebensdauer und desto nährstoffschonender und fettsparender können Sie kochen."

Frische Zutaten gelingen am besten in entsprechend gutem Kochgeschirr. Gehen Sie hier nach der Devise: statt Quantität lieber Qualität. Es ist nicht nötig, daß Sie drei Pfannen und eine Sammlung an Kochtöpfen im Schrank stehen haben. Meistens reichen Töpfe mit 1,5 bis 3 Liter Inhalt und einem Durchmesser von 16 bis 20 Zentimetern. Dazu empfehle ich eine beschichtete Pfanne, in der Sie fettsparend braten und garen können, sowie einen Pfannendeckel. Wenn Sie mit dem Pfannendeckel arbeiten, verkürzt sich die Garzeit. Allerdings wird das Bratgut weniger knusprig. Es gibt jedoch auch Deckel, die eine Regulierung des Dampfabzugs besitzen, so dass sie Einfluss auf den Feuchtigkeitsgehalt haben – krosses Braten wird so möglich. Je besser also die Qualität von Topf und Pfanne, desto höher ist auch deren Lebensdauer und desto nährstoffschonender und fettsparender können Sie kochen. Töpfe gibt es aus Edelstahl, Gusseisen, Emaille, Kupfer, Aluminium, Glas und Porzellan.

Edelstahl mit Sandwich-Boden!

Empfehlenswert sind Edelstahltöpfe mit Sandwich-Boden. Hier sind die besonders guten Wärmeleiter Stahl und Aluminium als Legierung in den Topfboden eingearbeitet. Ähnlich dem Belag beim Sandwich, daher auch der Name. Gerade der Topfboden hat beim Kochen eine besondere Bedeutung: Ein komplett glatter, ebenmäßiger Boden nimmt die Wärme der Herdplatte optimal auf. Dicke Topfböden verteilen die Hitze gut und gleichmäßig auf das Gargut im Topf.

Ein weiterer wichtiger Aspekt ist die passende Größe. Der Kochtopf muss die Herdplatte komplett ausfüllen. Sobald die Platte größer ist als der Topf, gehen bis zu 30 Prozent Energie verloren. Ähnlich verhält es sich mit dem Deckel: Griffe an Töpfen und Pfannen sollten die Hitze dagegen nicht aufnehmen, damit Sie sich beim Berühren nicht verbrennen. Gute Töpfe können Sie heute in der Spülmaschine reinigen, sie verlieren dadurch nicht an Qualität. Besonders zeit- und nährstoffschonend können Sie im Schnellkochtopf garen. Hier liegt die Zeitersparnis bei 70 und die Energieersparnis bei 40 Prozent gegenüber herkömmlichen Kochtöpfen.

JOHANN

Gute Messer sind eine Anschaffung fürs Leben: Sie sind zwar teuer, halten dann aber auch, was sie versprechen.

Messer: schneiden wir ein Profi

Gute Messer sind eine Anschaffung fürs Leben. Sie sind zwar nicht preiswert, halten dann aber auch wirklich, was sie versprechen. Hier heißt es wieder: lieber wenig, dafür um so besseres Schneidwerkzeug. Für den Anfang reichen ein Gemüse-, ein Fleisch-, ein Koch-, ein Schinken- und ein Brotmesser. Kaufen Sie Messer mit geschmeidigen Klingen – sie bleiben länger scharf und sind hochwertiger. Des Messers Klinge sollte ohne Fugen in den Schaft übergehen. So kann sich hier kein Schmutz festsetzen. Reinigen Sie Messer nie in der Spülmaschine, das macht sie stumpf. An Schärfe verlieren sie auch, wenn auf Brettern aus Glas, Metall oder Stein gearbeitet wird. Ein klassisches Holz- oder Kunststoffbrett sind die beste Wahl. Übrigens: Rutscht das Brett beim Schneiden, legen Sie ein feuchtes Tuch unter, und schon bleibt es fest. Stumpfe Messer können Sie selbst mit einem Wetzstein schärfen. Auch ein Scherenschleifer schärft Ihre Messer.

Gut geplant ist halb gekocht

Je besser Sie in der Küche organisiert sind, desto einfacher und schneller geht Ihnen das Kochen von der Hand. Das ist besonders wichtig, wenn Sie ein mehrgängiges Menü oder für Gäste kochen. Nehmen Sie sich genug Zeit dafür. Das beginnt beim Einkauf und reicht bis zur Vorbereitung der Zutaten, die in den Topf wandern. Stellen Sie alle Kochutensilien bereit. Putzen und schneiden Sie Gemüse vor. So kann ein Arbeitsschritt auf den nächsten folgen. Zwischendurch bleibt Ihnen dann meistens sogar noch Zeit, um Töpfe oder Schüsseln zu spülen. So entsteht erst gar kein Chaos in der Küche. Denken Sie auch ans Vorheizen des Backofens, und nehmen Sie Zutaten entsprechend früh aus dem Kühlschrank. Dann heißt es ran an Herd und Töpfe und hinein ins Kochvergnügen. Ich wünsche Ihnen viel Spaß und Freude beim Kochen!

Jonglieren ist das Stichwort bei Diabetes: nicht nur mit Zitronen, sondern auch mit der Nahrung, deren Wirkung auf den Blutzucker – und mit Medikamenten.

AEG

Hinweise zu den Rezepten

Hinweise zu den Rezepten

Damit das Nachkochen klappt, lesen Sie bitte vor der Zubereitung das komplette Rezept durch. So werden Ihnen Arbeitsabläufe und Zusammenhänge klar und verständlich.

Hinweis zu den Nährwertangaben der Rezepte

Neben der genauen Kohlenhydratangabe in BE und KE finden Sie auch die Angaben für Ballaststoffe. Die berechneten Natriumwerte beziehen sich nur auf den natürlichen Natriumgehalt der Lebensmittel. Jedoch nicht auf Salz, Brühen, Sojasauce etc., die zum Würzen eingesetzt werden. Es wird allgemein empfohlen, sparsam mit Salz und Brühen umzugehen und Produkten ohne Geschmacksverstärker wie Natriumglutamat den Vorrang zu geben. Diese sind im Drogeriemarkt, der Bioabteilung großer Supermärkte, im Reformhaus und Bioladen erhältlich.

Wochenmärkte, Hofläden, Bauernhöfe: Überall hier gibt es gute Gemüse- und Obstqualität. Aber auch in großen Supermarkt-Abteilungen.

Wo bekomme ich was?

Saisonales Gemüse, Obst und Kräuter bekommen Sie in guter Qualität auf dem Wochenmarkt, in Hofläden von Bauernhöfen, im Bio-Laden und in Supermärkten mit großer und guter Gemüseabteilung. Ähnlich verhält es sich mit frischem Fleisch, Geflügel und Fisch. Kleine Metzgereien, Hofläden und Fachgeschäfte für Fisch und Geflügel bzw. gute Fachabteilungen in Supermärkten machen den Einkauf von guter Qualität möglich. Viele Gewürze und Zutaten wie Shoba-Nudeln bekommen Sie in asiatischen Feinkostgeschäften und im asiatischen Supermarkt. Dort finden Sie neben guter Soja- auch Teryaki-Sauce, Wan-Tan- und Frühlingsrollenblätter, scharfe Wasabipaste und viele Currypasten. Und alles zu vernünftigen Preisen.

Nährwertangaben

kcal	= Kilokalorien
kJ	= Kilojoule
g E	= Eiweiß in Gramm (4 kcal/g)
g F	= Fett in Gramm (9 kcal/g)
g Alkohol	= Alkohol in Gramm (8 kcal/g)
g KH	= Kohlenhydrate in Gramm (4 kcal/g)
BE	= Brot-/Berechnungseinheit (pro BE = 12 g verdauliche KH)
KE	= Kohlenhydrateinheit (pro KE = 10 g verdauliche KH)
g Ba	= Ballaststoffe in Gramm
mg Chol	= Cholesterin in Milligramm
mg Na	= Natrium in Milligramm
mg K	= Kalium in Milligramm
mg Ph	= Phosphor in Milligramm

Die Abkürzungen in den Rezeptzutaten

TL	=	Teelöffel (gestrichen)
EL	=	Eßlöffel (gestrichen)
1 EL Weizenmehl	=	10 g
1 EL Paniermehl	=	15 g
Msp.	=	Messerspitze
Pck.	=	Packung/Päckchen
ml	=	Milliliter
L	=	Liter
g	=	Gramm
kg	=	Kilogramm
ca.	=	circa
°C	=	Grad Celsius
evtl.	=	eventuell
max.	=	maximal
cm	=	Zentimeter
cl	=	Zentiliter
mm	=	Millimeter
Bd.	=	Bund

Die Rezepte wurden berechnet mit

- DGE PC-Nährwertberechnungsprogramm der Deutschen Gesellschaft für Ernährung, Version 3.1.2.018
- Die große GU Nährwert Kalorien Tabelle, Ausgabe 2006/2007, Elmadfa/Aign/Fritzsche/Muskat, Gräfe und Unzer Verlag München
- Kalorien mundgerecht, 12. überarbeitete und erweiterte Auflage 2004, Umschau Verlag Frankfurt am Main
- BE-Austauschtabelle, Kirsten Metternich

Ofentemperaturen

Gas

150 bis 175 °C	=	Gas Stufe 1 bis 2
175 °C	=	Gas Stufe 2
175 bis 200 °C	=	Gas Stufe 2 bis 3
200 °C	=	Gas Stufe 3

Umluft

Ofentemperatur minus 20

Beispiel: 180 °C = 160 °C Umluft

Seite 42

Vorspeisen
und Salate

„Gemeinsam kochen macht mir Spaß", sagt Fußballer Dimo Wache. „Dabei kommt es mir aber darauf an, dass die Küche groß genug ist." Verständlich, bei dem 1,94-m-Hünen. Da kommt ihm das atemberaubende Kochstudio von Johann Lafer in Guldental gerade recht.

Spargel-Rösti mit Räucherlachs

und Passionsfrucht-Dressing

IHRE ZUTATEN FÜR 4 PERSONEN

1	*Passionsfrucht, ca. 100 g*
75 ml	*Passionsfruchtsaft, 100 % Frucht, ohne Zuckerzusatz*
	Salz, Cayennepfeffer
½ TL	*flüssiger Süßstoff*
1 EL	*Olivenöl*
4	*dicke Stangen weißer Spargel*
1	*große Kartoffel, 200 g*
4	*Stangen grüner Spargel*
2 EL	*Speisestärke, 20 g*
	Salz, Pfeffer
3 EL	*Rapsöl*
200 g	*Räucherlachs*

Nährwert pro Portion:

13 g E
14 g F
19 g KH
3 g Ba
1,2 BE
1,4 KE
20 mg Chol
40 mg Na
640 mg K
205 mg Ph
255 kcal
1.020 kJ

ZUBEREITUNG:

1. Passionsfrucht halbieren, Fruchtmark mit einem Löffel herauskratzen. Dieses mit Passionsfruchtsaft, Salz, Cayennepfeffer und Süßstoff verrühren. Olivenöl langsam unter ständigem Rühren dazugießen.

2. Weißen Spargel und Kartoffel schälen und grob raspeln. Grüner Spargel waschen und ebenfalls grob raspeln. Alles zusammen mit Speisestärke mischen, mit Salz und Pfeffer würzen.

3. Spargel-Kartoffel-Mischung in einer beschichteten Pfanne im heißem Rapsöl von beiden Seiten zu vier goldbraunen Rösti ausbacken.

4. Räucherlachsscheiben auf die Rösti legen, großzügig mit gezupftem Dill und Kresse bestreuen und mit dem Dressing beträufeln.

SPARGEL-RÖSTI MIT RÄUCHERLACHS UND PASSIONSFRUCHT-DRESSING

Ceviche vom Seeteufel
mit Ananas und Gurke

IHRE ZUTATEN FÜR 4 PERSONEN

4	*Limonen*
400 g	*Seeteufelfilet, küchenfertig*
1	*Baby-Ananas, ca. 200 g*
1	*Salatgurke*
1	*kleine rote Chilischote*
3	*Zweige Basilikum*
2 EL	*Olivenöl*
	Salz, Pfeffer
½ TL	*flüssiger Süßstoff*
	Kresse und Salatspitzen zum Garnieren

ZUBEREITUNG:

Nährwert pro Portion:
16 g E
8 g F
7 g KH
1 g Ba
0,4 BE
0,4 KE
25 mg Chol
115 mg Na
400 mg K
240 mg Ph
165 kcal
660 kJ

1. Die Schale von einer Limone abreiben. Alle Limonen halbieren, Saft auspressen.

2. Seeteufelfilet waschen trockentupfen und in etwa 1 cm große Würfel schneiden. Limonenschale und -saft mit den Fischwürfeln mischen und im Kühlschrank eine Stunde lang marinieren.

3. In der Zwischenzeit Ananas schälen, vierteln, harten Strunk entfernen. Ananas-Viertel in Würfel schneiden. Gurke schälen und der Länge nach halbieren. Kerne mit einem Löffel auskratzen, Gurkenhälften ebenfalls würfeln. Chilischote der Länge nach halbieren, Kerne herauskratzen, Schote möglichst fein würfeln.

4. Basilikumblätter vom Stiel zupfen, zusammen mit Olivenöl in einem Mixer fein pürieren. Basilikumöl mit den gewürfelten Gurken, Chili und Ananas sowie dem marinierten Seeteufel mischen. Ceviche abschließend mit Salz, Pfeffer und einem Spritzer Süßstoff abschmecken, in Gläsern servieren und mit etwas Kresse und jungen Salatspitzen garnieren.

CEVICHE VOM SEETEUFEL MIT ANANAS UND GURKE

Karotten-Kokos-Salat

mit Orangen-Dressing und Streifen von gebratenem Hühnchen

IHRE ZUTATEN FÜR 6 PERSONEN

5	*junge Karotten*
1	*Kokosnuss*
3	*saftige Orangen, ca. 450 g*
2 EL	*Olivenöl*
1 TL	*Speisestärke, 5 g*
	Salz, Pfeffer
1	*Limone, Saft*
4	*Hähnchenbrüste, je 150 g*
2 EL	*Rapsöl*
50 g	*Spinat, geputzt*

ZUBEREITUNG:

Nährwert pro Portion:
28 g E
32 g F
17 g KH
12 g Ba
0,5 BE
0,5 KE
65 mg Chol
175 mg Na
1.130 mg K
340 mg Ph
470 kcal
1.880 kJ

1. Karotten schälen. Kokosnuss aufbrechen, Fruchtfleisch aus der Schale lösen. Karotten und Kokosstücke in möglichst dünne Scheiben hobeln.

2. Mit einem Sparschäler von einer Orange die Schale dünn abschälen und diese in feine Streifen schneiden. Alle Orangen auspressen (ca. 300 ml Saft). Orangenstreifen in 1 EL heißem Olivenöl anschwitzen, mit Orangensaft ablöschen und um die Hälfte einkochen lassen. Eingekochten Saft mit etwas angerührter Stärke leicht binden. Dann das restliche Olivenöl unterrühren. Dressing mit Salz, Pfeffer und Limonensaft abschmecken und mit gehobelten Karotten und Kokosnuss in einer Schüssel mischen. Etwa 30 Minuten durchziehen lassen.

3. In der Zwischenzeit Hähnchenbrust salzen und pfeffern und in heißem Rapsöl in einer Pfanne von beiden Seiten anbraten. Dann für etwa 10 Minuten in den 140 C° heißen Ofen geben.

4. Hühnerbrüstchen aus dem Ofen nehmen, 5 Minuten ruhen lassen, dann in Streifen schneiden und unter den Karotten-Kokos-Salat heben. Salat nochmals abschmecken und mit einigen jungen Spinatblättern servieren.

KAROTTEN-KOKOS-SALAT MIT ORANGEN-DRESSING UND STREIFEN VON GEBRATENEM HÜHNCHEN

Würziger Kräutersalat

mit Schnittlauch-Crostini und Blüten

IHRE ZUTATEN FÜR 4 PERSONEN

1	*Bund Blattpetersilie*
2	*Bund Schnittlauch*
1	*Bund Kerbel*
1	*Bund Dill*
1	*Bund Estragon*
100 g	*Spinatsalat*
1 EL	*Rotweinessig*
2 EL	*Balsamico-Essig*
	Salz, Pfeffer
1 Msp.	*Senf*
1 Msp.	*Meerrettich*
3 EL	*Olivenöl*
¼	*Baguettebrot, 60 g*
80 g	*Frischkäse fettreduziert, max. 18 % Fett*
1	*Käst. Gartenkresse*
20 g	*geröstete Pinienkerne*
	Essbare Blüten zum Bestreuen (z. B. Kapuzinerkresseblüten, Veilchen, Ringelblumenblüte, Gänseblümchen)

ZUBEREITUNG:

Nährwert pro Portion:
6 g E
14 g F
10 g KH
3 g Ba
0,6 BE
0,7 KE
10 mg Chol
165 mg Na
405 mg K
110 mg Ph
190 kcal
760 kJ

1. Kräuter abbrausen, trockenschütteln, Blätter von den Stielen zupfen. Spinatsalat waschen und trockenschleudern.

2. Die beiden Essigsorten mit Salz, Pfeffer, Senf und Meerrettich verrühren, dann das Olivenöl in dünnem Strahl unter ständigem Rühren unterschlagen.

3. Brot in dünne Scheiben schneiden und unter dem Backofengrill goldbraun rösten. Schnittlauch in feine Ringe schneiden. Brotscheiben mit etwas Frischkäse bestreichen und mit Schnittlauch bestreuen.

4. Kräuter- und Spinatblätter sowie abgeschnittene Kresse und geröstete Pinienkerne mit dem Dressing mischen. Zusammen mit den Schnittlauch-Crostinis anrichten. Abschließend mit frisch gezupften Blütenblättern bestreuen und sofort servieren.

WÜRZIGER KRÄUTERSALAT MIT SCHNITTLAUCH-CROSTINI UND BLÜTEN

Kürbis-Blini

mit geräuchertem Schinken und Feldsalat

IHRE ZUTATEN FÜR 4 PERSONEN

400 g	Kürbis
10 g	frische Hefe
2	Eier
100 g	Mehl, Type 405
	Salz, Pfeffer, Muskat
100 g	Feldsalat
2	Spritzer flüssiger Süßstoff
2 EL	Weißweinessig
2 EL	Kürbiskernöl
2 EL	Rapsöl zum Backen
2 EL	geröstete Kürbiskerne
50 g	geräucherter Schinken

Nährwert pro Portion:

12 g E
20 g F
23 g KH
3 g Ba
1,3 BE
1,6 KE
130 mg Chol
75 mg Na
640 mg K
190 mg Ph
320 kcal
1.280 kJ

ZUBEREITUNG:

1. Ofen auf 200 C° vorheizen. Kürbis in Scheiben schneiden, auf ein Backblech legen und mit Alufolie abdecken. Kürbisscheiben im heißen Ofen etwa 30 Minuten lang schmoren. Anschließend herausnehmen und abkühlen lassen. Von den Kürbisscheiben die Schale entfernen, Fruchtfleisch in einem Mixer fein pürieren.

2. Hefe in 75 ml lauwarmem Wasser auflösen. Eier trennen. Eigelbe zusammen mit der angerührten Hefe, dem Mehl und dem Kürbispüree verrühren. Eiweiße steif schlagen und unterheben. Den Teig mit Salz, Pfeffer und Muskat würzen, zugedeckt 30 Minuten gehen lassen.

3. In der Zwischenzeit Feldsalat putzen, gründlich waschen und trockenschleudern. Essig mit Süßstoff, Salz und Pfeffer verquirlen. Kürbiskernöl untermischen.

KÜRBIS-BLINI MIT GERÄUCHERTEM SCHINKEN UND FELDSALAT

4. Aus dem Teig kleine Blinis formen und in einer Pfanne im heißen Rapsöl bei mittlerer Hitze von beiden Seiten goldbraun ausbacken.

5. Feldsalat mit dem Kürbiskern-Dressing anmachen, mit Kürbiskernen bestreut anrichten. Die noch warmen Blinis mit Schinken dazu servieren.

Salat von Spargel und Tafelspitz

mit Schnittlauch-Radieschen-Vinaigrette

IHRE ZUTATEN FÜR 4 PERSONEN

20	*Stangen weißer Spargel*
3 Bund	*Schnittlauch*
12	*Radieschen*
3 EL	*Weißweinessig*
2	*Spritzer flüssiger Süßstoff*
1 TL	*Meerrettich*
	Salz, Pfeffer
2 EL	*Rapsöl*
2 EL	*Walnussöl*
300 g	*gekochter Tafelspitz*

ZUBEREITUNG:

Nährwert pro Portion:
24 g E
19 g F
5 g KH
3 g Ba
0 BE
0 KE
50 mg Chol
40 mg Na
515 mg K
230 mg Ph
285 kcal
1.140 kJ

1. Spargel schälen, Enden abschneiden. Die Stangen in kochendem Salzwasser ca. 10 - 12 Minuten kochen, anschließend herausnehmen und abkühlen lassen.

2. In der Zwischenzeit Schnittlauch und Radieschen waschen und trockenschütteln. Schnittlauch in Röllchen, Radieschen in dünne Scheiben schneiden.

3. Weißweinessig mit Süßstoff und Meerrettich sowie Salz und Pfeffer verrühren. Das Öl kräftig unterrühren, Schnittlauch und Radieschenscheiben untermischen.

4. Tafelspitz auf einer Aufschnittmaschine in dünne Scheiben schneiden. Spargelstangen halbieren und mit den Tafelspitzscheiben in eine flache Schüssel geben. Schnittlauch-Radieschen-Vinaigrette darübergießen. Salat vor dem Servieren eine halbe Stunde durchziehen lassen.

SALAT VON SPARGEL UND TAFELSPITZ MIT SCHNITTLAUCH-RADIESCHEN-VINAIGRETTE

Rotkrautsalat mit Walnüssen,
gebratenen Äpfeln und Geflügelleber-Crostini

IHRE ZUTATEN FÜR 4 PERSONEN

200 g	*Geflügelleber*	*2 EL*	*Walnussöl*
1 EL	*Rapsöl*	*40 g*	*Walnüsse, grob gehackt*
50 ml	*trockener Rotwein*	*½ TL*	*flüssiger Süßstoff*
75 ml	*fettreduzierte Sahne, z. B. Rama Cremefine zum Kochen, 15 % Fett*	*250 g*	*Apfel*
		20 g	*Margarine*
		4	*Scheiben Bauernbrot, 200 g*
40 g	*Halbfettbutter*	*1*	*Hand voll Feldsalat, geputzt*
	Salz, Pfeffer		*Meersalz, Pfeffer aus der Mühle*
½	*Rotkohl*		
3 EL	*Rotweinessig*		
2 EL	*Rapsöl*		

Nährwert pro Portion:
17 g E
31 g F
1 g Alkohol
40 g KH
6 g Ba
2,6 BE
3,2 KE
290 mg Chol
280 mg Na
645 mg K
2.800 mg Ph
515 kcal
2.060 kJ

ZUBEREITUNG:

1. Geflügelleber waschen, trockentupfen und in heißem Öl in einer Pfanne rundum scharf anbraten. Mit Rotwein ablöschen. Das Ganze in einen Mixer geben. Heiße Sahne und weiche Halbfettbutter zufügen, mit Salz und Pfeffer würzen, fein pürieren. Geflügellebercreme in eine Schüssel umfüllen und zugedeckt im Kühlschrank in 3–4 Stunden vollständig auskühlen lassen.

2. In der Zwischenzeit vom Rotkohl den Strunk entfernen, das Kraut in feine Streifen schneiden. Rotkraut mit Essig und den beiden Ölsorten vermischen, Walnüsse zufügen. Salat mit Salz, Pfeffer und dem Süßstoff würzen, gründlich mischen und durchziehen lassen.

3. Äpfel waschen, entkernen und in etwa 1 cm dicke Scheiben schneiden. Diese nochmals halbieren und in zerlassener Margarine in einer großen Pfanne von beiden Seiten goldbraun anbraten. Brotscheiben unter dem heißen Backofengrill von beiden Seiten rösten.

ROTKRAUTSALAT MIT WALNÜSSEN, GEBRATENEN ÄPFELN UND GEFLÜGEL-LEBER-CROSTINI

4. Rotkrautsalat mit gebratenen Apfelscheiben und einigen Feldsalatröschen anrichten. Geröstete Brotscheiben halbieren, mit Geflügellebercreme bestreichen, mit Meersalz und Pfeffer bestreut zum Salat servieren.

Seite 58

Suppen

„Sind für Sie Essen und Genießen zwei Dinge, die unbedingt zusammengehören? Auch für mich darf beim Essen der Genuss auf keinen Fall zu kurz kommen. Die Lust am Essen und Genießen sowie die Liebe zum Kochen sind die Grundpfeiler meines Lebens und meiner täglichen Arbeit. Und das geht auch, wenn Sie Diabetes haben!"
(Johann Lafer)

Zitronengras-Essenz

mit Zander-Nudel-Schnecken

IHRE ZUTATEN FÜR 4 PERSONEN

250 g	*Poulardenfleisch aus der Keule*	1	*rote Chilischote*
3	*Stangen Zitronengras*	1 L	*Geflügelbrühe*
1	*Karotte*	300 g	*Zanderfilet, ohne Haut und Gräten*
½	*Stange Lauch*	50 g	*Crème fraîche, fettreduziert, max. 20 % Fett*
2	*Limonen (Saft und Schale)*	6	*grüne oder weiße Lasagne-Nudelblätter, trocken*
1 TL	*schwarze Pfefferkörner, zerdrückt*	120 g	*Frühlingslauch zum Bestreuen*
4	*Eiweiße (3 zum Klären, 1 für die Farce)*		
30 g	*Ingwer*		

ZUBEREITUNG:

Nährwert pro Portion:
23 g E
10 g F
17 g KH
2 g Ba
1,1 BE
1,3 KE
70 mg Chol
100 mg Na
515 mg K
230 mg Ph
250 kcal
1.000 kJ

1. Poulardenfleisch und Zitronengras in kleine Stücke schneiden und mit Karotte und Lauch durch den Fleischwolf drehen. Dies mit Limonensaft, Limonenschale, Pfefferkörnern, 3 Eiweißen, gehacktem Ingwer und Chili mischen.

2. Das Klärfleisch mit eiskalter Geflügelbrühe in einen Topf geben und unter vorsichtigem Rühren langsam aufkochen, dann bei milder Hitze etwa 30 - 40 Minuten ziehen lassen, dabei nicht mehr rühren.

3. In der Zwischenzeit das Zanderfilet in kleine Würfel schneiden und mit Crème fraîche und dem restlichen Eiweiß in einem Mixer fein pürieren. Fischfarce mit Salz und Pfeffer kräftig würzen.

4. Lasagne-Nudelblätter in kochendem Salzwasser bissfest garen. Anschließend herausnehmen und kalt abschrecken. Nudelblätter nebeneinander auf ein Tuch legen, trockentupfen, gleichmäßig dünn mit der Fischfarce bestreichen und aufrollen. Jede Nudelrolle straff in ein Alufolienstück einpacken und für ca. 8 Minuten in siedendes Wasser geben.

ZITRONENGRAS-ESSENZ MIT ZANDER-NUDEL-SCHNECKEN

Zitronengras-Essenz durch ein sauberes Stofftuch in einen weiteren Topf gießen, noch mal aufkochen lassen und mit Salz abschmecken.

Zander-Nudel-Rollen aus dem Wasser nehmen, auspacken und in etwa 2 cm dicke Stücke schneiden. Dies in tiefe Suppenschalen oder Teller verteilen, heiße Essenz darübergießen und mit frisch geschnittenem Frühlingslauch bestreut servieren.

Gemüse-Bouillon

mit Spargel und Frischkäse-Wan-Tans

IHRE ZUTATEN FÜR 4 PERSONEN

8	*Stangen weißer Spargel*
8	*Stangen grüner Spargel*
750 ml	*Gemüse-Bouillon*
75 g	*fettreduzierter Frischkäse, max. 18 % Fett*
1 EL	*Mehl, Type 405, 10 g*
2 EL	*fein gehackte Kräuter (Schnittlauch, Kerbel, Petersilie)*
8	*Wan-Tan-Teigblätter (Asialaden)*
1	*Eiweiß*
	Schnittlauch zum Bestreuen

ZUBEREITUNG:

Nährwert pro Portion:
8 g E
2 g F
15 g KH
2 g Ba
1,1 BE
1,3 KE
15 mg Chol
95 mg Na
3.100 mg K
95 mg Ph
200 kcal
800 kJ

1. Spargel schälen und in dünne, schräge Stücke schneiden
2. Bouillon erhitzen, Spargelstücke hineingeben und bei mittlerer Hitze etwa 6 Minuten garen.
3. In der Zwischenzeit Frischkäse mit Mehl und gehackten Kräutern mischen, mit Salz und Pfeffer abschmecken. Wan-Tan-Blätter nebeneinander auslegen, auf jedes Teigstück je einen Teelöffel Frischkäse verteilen. Ränder mit Eiweiß einpinseln, zu Dreiecken zusammenklappen und gut festdrücken.
4. Wan-Tans in die leicht kochende Bouillon geben, weitere 3 Minuten garen, dann mit Spargel in tiefe Teller oder Tassen füllen und mit Schnittlauch bestreut servieren.

GEMÜSE-BOUILLON MIT SPARGEL UND FRISCHKÄSE-WAN-TANS

Kürbis-Kokos-Suppe

mit Kürbiskern-Nocken

IHRE ZUTATEN FÜR 6 PERSONEN

500 g	Kürbis (Hokkaido)
2	Schalotten
30 g	Ingwer
1	kleine rote Chilischote
2 EL	Olivenöl
1 EL	Curry
750 ml	Gemüsebrühe
250 ml	ungesüßte Kokosmilch
250 g	Magerquark
1	Eigelb
50 g	fein gemahlene Kürbiskerne
1 EL	Kürbiskernöl
2 EL	Mehl, Type 405, 20 g
	Salz, Pfeffer
	Saft von ½ Zitrone
	rosa Pfeffer zum Bestreuen

ZUBEREITUNG:

Nährwert pro Portion:
10 g E
10 g F
13 g KH
3 g Ba
0,2 BE
0,2 KE
40 mg Chol
45 mg Na
610 mg K
230 mg Ph
180 kcal
720 kJ

1. Kürbis entkernen und samt der Schale würfeln. Schalotten und Ingwer schälen und in dünne Scheiben schneiden. Chili halbieren, Kerne herauskratzen, Schote in Streifen schneiden.

2. Alles zusammen 2–3 Minuten in heißem Olivenöl anschwitzen. Mit Curry bestäuben und eine weitere Minute anschwitzen. Dann mit Brühe und Kokosmilch aufgießen und 25 Minuten bei mittlerer Hitze köcheln lassen.

3. In der Zwischenzeit Quark mit Eigelb, fein gemahlenen Kürbiskernen, dem Kürbiskernöl und Mehl glattrühren, mit Salz abschmecken. Masse für 30 Minuten in den Kühlschrank stellen und quellen lassen.

4. Kürbis-Kokos-Suppe pürieren und durch ein feines Sieb streichen. Suppe nochmals aufkochen, mit Salz, Pfeffer und etwas Zitronensaft abschmecken.

KÜRBIS-KOKOS-SUPPE MIT KÜRBISKERN-NOCKEN

5. Aus der Quarkmasse mit Hilfe von 2 Esslöffeln Nocken formen, diese in siedendem Salzwasser 10 Minuten ziehen lassen. Anschließend die Nocken in tiefe Teller verteilen, heiße Suppe darübergießen und mit rosa Pfeffer bestreut servieren.

Schaumsuppe
von frischem Bärlauch mit Grill-Tomaten

IHRE ZUTATEN FÜR 4 PERSONEN

2	Schalotten
2 EL	Rapsöl
150 ml	trockener Weißwein
500 ml	Gemüse- oder Geflügelbrühe
100 ml	fettreduzierte Sahne, z. B. Rama Cremefine zum Kochen, 15 % Fett
75 g	Bärlauch
1	Bund Petersilie
100 g	Buttermilch
	Salz, Pfeffer
½	Zitrone, Saft
20	Kirschtomaten, mit Rispe
1 EL	Olivenöl
1 EL	Streusüße auf Aspartambasis, z. B. Canderel oder Feine Süsse
2 EL	fettreduzierter Frischkäse, max. 18% Fett

ZUBEREITUNG:

Nährwert pro Portion:
5 g E
13 g F
4 g Alkohol
10 g KH
3 g Ba
0,1 BE
0,1 KE
5 mg Chol
55 mg Na
730 mg K
115 mg Ph
210 kcal
840 kJ

1. Schalotten schälen, fein würfeln, in heißem Rapsöl im Topf anschwitzen. Mit Wein ablöschen, Brühe und Sahne zugießen und um ⅓ einkochen lassen.

2. In der Zwischenzeit Bärlauchblätter waschen, trockenschleudern, grob hacken und mit gezupfter Petersilie und Buttermilch in einen Mixer geben, alles miteinander zu einer feinen Paste pürieren.

3. Suppe mit Salz, Pfeffer und etwas Zitronensaft abschmecken.

4. Backofengrill vorheizen. Kirschtomaten waschen, trockentupfen, mit Olivenöl beträufeln und der Streusüße bestreuen. Tomatenrispen auf ein Backblech legen und etwa 4 – 5 Minuten unter dem Grill garen.

5. Bärlauchpaste und den fettreduzierten Frischkäse in die Suppe geben, alles schaumig aufmixen und in tiefe Teller verteilen. Grill-Tomaten in die Suppe setzen und servieren.

SCHAUMSUPPE VON FRISCHEM BÄRLAUCH MIT GRILL-TOMATEN

Kalte Tomatensuppe
mit Gurkennudeln, Wassermelone und gebratenen Garnelen

IHRE ZUTATEN FÜR 4 PERSONEN

400 g	*Tomaten*	*12*	*Garnelen, küchenfertig*
200 ml	*Tomatensaft*	*2 EL*	*Olivenöl*
3 EL	*Balsamico Bianco-Essig*	*2*	*Knoblauchzehen, angedrückt*
2 EL	*Tomatenmark*	*1 Limone*	*geriebene Schale und Saft*
	Salz, Cayennepfeffer		
1	*Spritzer flüssiger Süßstoff*		
1	*Spritzer Tabasco*		
1	*Salatgurke*		
100 g	*Buttermilch*		
1 EL	*gehackter Dill*		
¼	*Wassermelone, ca. 200 g*		

Nährwert pro Portion:
13 g E
6 g F
10 g KH
1 g Ba
0,4 BE
0,4 KE
75 mg Chol
190 mg Na
665 mg K
180 mg Ph
145 kcal
580 kJ

ZUBEREITUNG:

1. Tomaten für etwa 30 Sekunden in kochendes Wasser tauchen, dann kalt abschrecken. Die Haut abziehen, Tomaten vierteln und entkernen.

2. Tomatenviertel mit Tomatensaft, Essig und Tomatenmark in einen Mixer geben, fein pürieren und durch ein Sieb streichen. Suppe mit Salz, Cayennepfeffer, je einem Spritzer Süßstoff und Tabasco würzig abschmecken, kalt stellen.

3. Gurke waschen und mit Hilfe eines Sparschälers längliche Streifen herunterschälen. Diese mit Buttermilch vermischen und mit Salz, Cayennepfeffer und Dill abschmecken. Etwas ziehen lassen. Wassermelone schälen, eventuelle Kerne entfernen. Fruchtfleisch in etwa 1 cm große Würfel schneiden.

4. Garnelen waschen, trockentupfen und in heißem Olivenöl mit Knoblauch braten. Dabei mit Limonenschale und -saft sowie Salz und Pfeffer würzen.

5. Tomatensuppe mit Melonenwürfeln in vorgekühlte Teller geben, jeweils etwas von den Gurkennudeln in die Mitte setzen, gebratene Garnelen darauf legen.

KALTE TOMATENSUPPE MIT GURKENNUDELN, WASSERMELONE UND GEBRATENEN GARNELEN

Kräuterschaumsuppe

mit Rührei-Crostini

IHRE ZUTATEN FÜR 4 PERSONEN

2	*Schalotten*	3	*Eier*
1	*Knoblauchzehe*	50 ml	*Milch, 1,5 % Fett*
1 EL	*Olivenöl*		*Salz, Pfeffer*
100 ml	*trockener Weißwein*	2	*Scheiben dünner Speck*
500 ml	*Gemüse- oder Geflügelbrühe*	4	*kleine Toastbrot-scheiben, 80 g*
100 ml	*fettreduzierte Sahne, z. B. Rama Cremefine zum Kochen, 15 % Fett*	2 EL	*Rapsöl*
70 g	*gemischte Kräuter (z. B. Petersilie, Kerbel, Schnittlauch, Estragon, Dill, Bärlauch)*	2 EL	*fettreduzierter Frischkäse, max. 18 % Fett*
			einige Kräuterblätter zum Bestreuen

ZUBEREITUNG:

Nährwert pro Portion:
11 g E
19 g F
2 g Alkohol
14 g KH
2 g Ba
0,8 BE
1 KE
185 mg Chol
190 mg Na
305 mg K
175 mg Ph
285 kcal
1.140 kJ

1. Schalotten und Knoblauch schälen, fein würfeln und in heißem Olivenöl anschwitzen. Mit Wein ablöschen, mit Brühe und Sahne auffüllen. Bei mittlerer Hitze 15 Minuten köcheln lassen.

2. In der Zwischenzeit Kräuter abbrausen, trockenschütteln, Blätter abzupfen und hacken, in die heiße Suppe geben und untermixen. Suppe mit Salz und Pfeffer abschmecken.

3. Backofengrill vorheizen. Eier mit Milch verquirlen, mit Salz und Pfeffer würzen. Speck in feine Würfel schneiden. Toastbrotscheiben unter dem Backofengrill von beiden Seiten goldbraun rösten. Verquirlte Eier in einer Pfanne zusammen mit Speck in Rapsöl stocken lassen, auf den gerösteten Brotscheiben verteilen.

4. Den fettarmen Frischkäse zur Kräutersuppe geben, schaumig aufmixen und in tiefe Teller verteilen. Mit Kräuterblättern bestreuen und mit Rührei-Crostini servieren.

KRÄUTER-SCHAUMSUPPE MIT RÜHREI-CROSTINI

Seite 72

Vegetarische Gerichte

Dimo Wache sagt: „Als Sportler muss man ja generell auf seine Ernährung achten. Gesund soll die Ernährung sein und relativ fettfrei – zumindest sofern Training und Spiele anstehen." Übrigens ist Dimo nicht sehr wählerisch: „Es gibt eigentlich nichts, was ich nicht esse. Man muss alles mal probieren, um sich ein Urteil bilden zu können." Recht hat er.

Geröstetes Ciabattabrot

mit Olivencreme und lauwarmem Artischocken-Tomaten-Salat

IHRE ZUTATEN FÜR 4 PERSONEN

3	*große Artischocken*
1	*Zitrone (Saft)*
ca. 50 g	*Mischsalat*
1	*rote Zwiebel*
2	*Knoblauchzehen*
2 EL	*Limonenöl*
20	*Kirschtomaten*
	Salz, Pfeffer, Chili a. d. Gewürzmühle
½ TL	*flüssiger Süßstoff*
2 EL	*Balsamico Bianco-Essig*
8	*Scheiben Ciabattabrot, 80 g*
3 EL	*schwarze Olivenpaste*

ZUBEREITUNG:

Nährwert pro Portion:
6 g E
11 g F
19 g KH
15 g Ba
0,8 BE
1 KE
0 mg Chol
150 mg Na
945 mg K
225 mg Ph
200 kcal
800 kJ

1. Artischocken putzen, das Heu entfernen. Die Böden in dünne Spalten schneiden und mit Zitronensaft beträufeln. Mischsalat putzen, waschen und trockenschleudern.

2. Zwiebel und Knoblauch schälen, fein würfeln und in heißem Limonenöl anschwitzen. Die Artischockenspalten zufügen und bei mittlerer Hitze bissfest garen. Die Tomaten zu den Artischocken geben und weitere 2 Minuten mitbraten. Mit Salz, Pfeffer, Süßstoff und Chili würzen, dann mit Essig ablöschen und vom Herd nehmen.

3. Brotscheiben unter den heißen Backofen-Grill legen und von beiden Seiten goldbraun rösten. Anschließend dünn mit Olivenpaste bestreichen.

4. Zuerst den gewaschenen Salat auf die bestrichenen Brote verteilen, dann den lauwarmen Artischocken-Tomaten-Salat daraufgeben. Sofort servieren.

CIABATTABROT MIT OLIVENCREME UND ARTISCHOCKEN-TOMATEN-SALAT

Basilikum-Gnocchi

mit Mozzarella und Tomaten-Vinaigrette

IHRE ZUTATEN FÜR 4 PERSONEN

4	*Tomaten*
2	*Schalotten*
2	*Knoblauchzehen*
75 ml	*Tomatensaft*
2 EL	*Rotweinessig*
2 EL	*Olivenöl*
	Salz, Pfeffer
1	*Bund Basilikum, ca. 8 Stiele*
250 g	*Magerquark*
2	*Eigelbe*
30 g	*geriebener Parmesan*
125 g	*Mehl, Type 405*
	Salz, Pfeffer
2 EL	*Rapsöl*
250 g	*Mozzarella, light*

Nährwert pro Portion:
30 g E
22 g F
30 g KH
3 g Ba
1,7 BE
2 KE
135 mg Chol
160 mg Na
400 mg K
290 mg Ph
435 kcal
1.740 kJ

ZUBEREITUNG:

1. Tomaten waschen, vierteln, entkernen und in kleine Würfel schneiden. Schalotten abziehen und ebenfalls klein würfeln. Knoblauch pellen, fein reiben und mit Schalotten, Tomatensaft, Essig und Olivenöl verquirlen. Tomatenwürfelchen unterrühren, Vinaigrette mit Salz und Pfeffer abschmecken.

2. Basilikum abbrausen, trockenschütteln, Blätter abzupfen und grob hacken. Zusammen mit Eigelb, Quark und geriebenem Parmesan in einen Mixer geben und fein pürieren. Die entstandene Paste mit Mehl zu einem Teig verkneten, mit Salz und Pfeffer kräftig abschmecken.

3. Gnocchiteig in vier Stücke teilen, diese auf einer leicht bemehlten Arbeitsfläche zu Rollen formen und in etwa 2 cm lange Stücke schneiden.

4. Gnocchi in leicht kochendes Salzwasser geben und darin etwa 5 Minuten garen. Anschließend herausheben, etwas abtropfen lassen, in heißem Rapsöl in einer großen, beschichteten Pfanne etwas anbraten.

5. Mozzarella in dünne Scheiben schneiden und mit den gebratenen Gnocchi und der Tomaten-Vinaigrette servieren.

BASILIKUM-GNOCCHI MIT MOZZARELLA UND TOMATEN-VINAIGRETTE

Bunter Gemüse-Flammkuchen

IHRE ZUTATEN FÜR 4 FLAMMKUCHEN

15 g	*frische Hefe*
250 g	*Mehl, Type 405*
Prise	*Salz*
je 2	*Karotten, grüne und weiße Spargelstangen und rote Zwiebeln*
1	*rote und gelbe Paprikaschote*
3	*Staudenselleriestangen*
200 g	*Crème fraîche, fettreduziert, max. 20 % Fett*
100 g	*frische Erbsen*
	Meersalz, Pfeffer aus der Mühle
2 EL	*Olivenöl*

ZUBEREITUNG:

Nährwert pro Portion:
13 g E
17 g F
57 g KH
12 g Ba
3,6 BE
4,3 KE
30 mg Chol
65 mg Na
650 mg K
225 mg Ph
430 kcal
1.720 kJ

1. Hefe in 125 ml lauwarmes Wasser bröseln und glattrühren. Mehl und eine Prise Salz zufügen und alles zu einem glatten Teig verkneten. Diesen etwa 30 Minuten gehen lassen.

2. In der Zwischenzeit das Gemüse wenn nötig schälen und in möglichst dünne Scheiben oder Streifen schneiden bzw. hobeln.

3. Ofen auf 250 °C vorheizen. Den aufgegangenen Flammkuchenteig in vier Portionen teilen und auf einer leicht bemehlten Arbeitsfläche sehr dünn ausrollen. Teigfladen auf ein gefettetes Blech oder in runde Pizzableche legen. Teigböden mit Crème fraîche gleichmäßig bestreichen, Gemüsescheiben und -streifen sowie die Erbsen darauf verteilen. Kräftig mit Meersalz und Pfeffer würzen und mit Öl beträufeln.

4. Gemüse-Flammkuchen etwa 12 – 15 Minuten im heißen Ofen backen.

BUNTER GEMÜSE-FLAMMKUCHEN

Gebackener Tofu

in Cornflakes-Panade mit buntem Rohkostsalat

IHRE ZUTATEN FÜR 4 PERSONEN

150 ml	*ungesüßte Kokosmilch*
1 EL	*Erdnussbutter*
1 Limone	*Saft und geriebene Schale*
	Salz, Pfeffer, Chili a. d. Gewürzmühle
½ TL	*flüssiger Süßstoff*
je 1	*rote und gelbe Paprikaschote*
2	*Karotten*
¼	*Rotkohl*
1	*Salatgurke*
12	*Radieschen*
6	*Kirschtomaten*
3 EL	*Balsamico Bianco-Essig*
100 g	*Cornflakes*
400 g	*Tofu*
50 g	*Mehl, Type 405*
2	*Eier*
2 EL	*Erdnussöl*
10 g	*geröstete Erdnüsse*
1 EL	*Rapsöl*

ZUBEREITUNG:

Nährwert pro Portion:
27 g E
23 g F
42 g KH
10 g Ba
2,2 BE
2,4 KE
120 mg Chol
360 mg Na
1.290 mg K
315 mg Ph
485 kcal
1.940 kJ

1. Kokosmilch erwärmen, vom Herd ziehen, Erdnussbutter unterrühren. Limonensaft und -schale unterrühren, Dressing mit Salz, Pfeffer, Süßstoff und etwas Chili abschmecken und im Kühlschrank 30 Minuten ziehen lassen.

2. Paprika vierteln, Kerngehäuse entfernen. Schoten schälen und in feine Streifen schneiden. Karotten schälen, in dünne Scheiben, dann in feine Stifte schneiden. Ebenso den Rotkohl sowie die gewaschenen Gurken und Radieschen. Kirschtomaten halbieren.

3. Cornflakes fein zerbröseln. Tofu in Würfel schneiden, danach salzen und pfeffern, in Mehl wenden und durch verquirltes Ei ziehen. Nun in den Cornflakes-Bröseln panieren und in heißem Erdnussöl rundum bei mittlerer Hitze goldbraun und knusprig ausbacken. Tofuwürfel auf Küchenpapier abtropfen lassen.

4. Alle geschnittenen Gemüse zusammen mit grob gehackten Erdnüssen, Kokos-Dressing und Rapsöl locker miteinander mischen und mit den gebackenen Tofuwürfeln servieren.

GEBACKENER TOFU IN CORNFLAKES-PANADE MIT BUNTEM ROHKOSTSALAT

Kürbis-Quiche

mit Emmentaler

IHRE ZUTATEN FÜR 12 KLEINE QUICHES

250 g	Mehl, Type 405	200 ml	Milch, 1,5 % Fett
100 g	weiche Margarine	2 TL	Senf
100 g	Frischkäse, fettreduziert, max. 18 % Fett		Salz, Pfeffer
1	Eigelb	30 g	Emmentaler, gerieben
400 g	Kürbis		
2	Zwiebeln		
2 EL	Olivenöl		
2 EL	fein gehackte Petersilie		
4	Eier		

ZUBEREITUNG:

Nährwert pro Portion:
8 g E
14 g F
18 g KH
1 g Ba
1,1 BE
1,3 KE
105 mg Chol
110 mg Na
215 mg K
135 mg Ph
230 kcal
920 kJ

1. Mehl, Margarine, Prise Salz, Frischkäse und Eigelb zu einem glatten Teig verkneten. Diesen in Folie wickeln und eine Stunde kühl stellen.

2. Den Kürbis schälen, entkernen, das Fruchtfleisch grob raspeln. Zwiebeln abziehen und fein würfeln. Zwiebeln in einem Esslöffel Olivenöl in einer Pfanne anbraten. Herausnehmen, etwas abkühlen lassen und mit Kürbisraspeln und Petersilie mischen.

3. Ofen auf 200 °C vorheizen. Ein Muffinbackblech ganz dünn mit einem Esslöffel Olivenöl ausfetten. Teig auf einer mit wenig Mehl bestäubten Arbeitsfläche dünn ausrollen. Dann Kreise mit einem Durchmesser von etwa 10 – 12 cm ausstechen und in die Vertiefungen des Backblechs legen. Kürbis-Mischung auf die Teigböden verteilen.

4. Eier mit Milch und Senf verquirlen, mit Salz und Pfeffer kräftig würzen. Den Guss über die Kürbis-Mischung gießen und mit Parmesan bestreuen. Quiches etwa 30 Minuten im Ofen backen.

KÜRBIS-QUICHE MIT EMMENTALER

Kleine Erbsen-Quiche

mit Minze

IHRE ZUTATEN FÜR 12 KLEINE QUICHES

250 g	*Mehl, Type 405*	*300 g*	*frische Erbsen, ersatzweise aufgetaute Tiefkühlerbsen*
100 g	*weiche Margarine*	*4*	*Eier*
100 g	*Frischkäse, fettreduziert, max. 18 % Fett*	*200 ml*	*Milch, 1,5 % Fett*
1	*Eigelb*	*2 TL*	*Senf*
	Salz		*Salz, Pfeffer*
1	*Zwiebel*	*30 g*	*Parmesan, gerieben*
2	*Knoblauchzehen*		
2 EL	*Olivenöl*		
2–3	*Zweige frische Minze*		

ZUBEREITUNG:

Nährwert pro Portion:
9 g E
14 g F
19 g KH
2 g Ba
1,3 BE
1,5 KE
100 mg Chol
1.110 mg Na
175 mg K
150 mg Ph
240 kcal
960 kJ

1. Mehl, Margarine, Prise Salz, Frischkäse und Eigelb zu einem glatten Teig verkneten. Diesen in Folie wickeln und eine Stunde kühl stellen.

2. Zwiebel und Knoblauch schälen und fein würfeln. Beides zusammen in einem Esslöffel heißem Olivenöl andünsten und abkühlen lassen. Minze waschen, trockenschütteln, Blätter abzupfen und in feine Streifen schneiden. Diese mit den Erbsen mischen.

3. Ofen auf 200 °C vorheizen. Ein Muffinbackblech ganz dünn mit einem Esslöffel Olivenöl ausfetten. Teig auf einer mit wenig Mehl bestäubten Arbeitsfläche dünn ausrollen. Dann Kreise mit einem Durchmesser von etwa 10–12 cm ausstechen und in die Vertiefungen des Backblechs legen.

4. Zuerst angedünstete Zwiebel-Knoblauch-Mischung auf die Teigböden verteilen, dann die Erbsen mit der Minze.

5. Eier mit Milch und Senf verquirlen, mit Salz und Pfeffer würzen. Den Guss über die Erbsen gießen und mit Parmesan bestreuen. Quiches etwa 30 Minuten im Ofen backen.

KLEINE ERBSEN-QUICHE MIT MINZE

Hauptgerichte mit Fisch

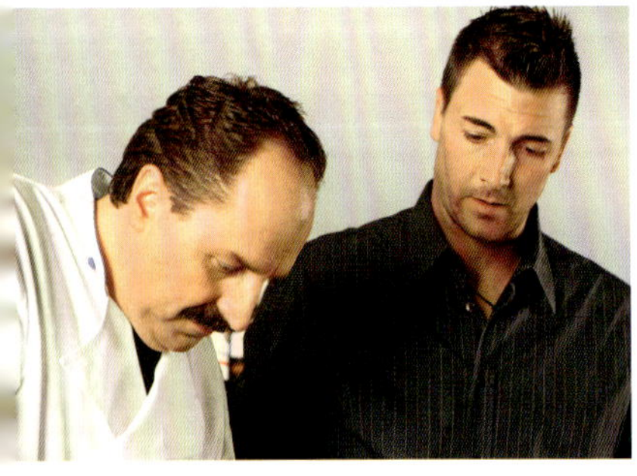

Als Diabetiker sollte man gerade bei Feiern genau hinschauen, was man sich auf den Teller holt. – Dimo Wache: „Es gehört schon zu meinem Leben, mich vernünftig und ausgewogen zu ernähren ... was nicht immer umsetzbar ist. Ich bin auch nur ein Mensch, manchmal muss es halt auch Pizza oder Currywurst sein."

Gratinierter Lachs
mit Meerrettichkruste auf Kräutercreme

IHRE ZUTATEN FÜR 4 PERSONEN

2 Scheiben	*Toastbrot*
50 g	*Halbfettmargarine*
2 EL	*Meerrettichpaste (aus dem Glas)*
½	*Zitrone (Saft)*
	Salz, Pfeffer
80 g	*gemischte Kräuter (Petersilie, Kerbel, Estragon, Schnittlauch, Kresse, Dill, Sauerampfer)*
150 g	*Joghurt, 1,5 % Fett*
3 EL	*Mayonnaise, fettreduziert*
1 TL	*Senf*
	Salz, Cayennepfeffer
1	*Limone (Saft)*
600 g	*Lachsfilet am Stück, ohne Haut und Gräten*
300 g	*kleine gekochte Kartoffeln*
2 EL	*Rapsöl*
	Meersalz, Pfeffer aus der Mühle

Nährwert pro Portion:
29 g E
26 g F
24 g KH
3 g Ba
1,7 BE
2,1 KE
50 mg Chol
300 mg Na
1.020 mg K
450 mg Ph
445 kcal
1.780 kJ

ZUBEREITUNG:

1. Toastbrot in Würfel schneiden und in einer Küchenmaschine fein zermahlen. Margarine mit Meerrettich und Zitronensaft gründlich verrühren. Gemahlenes Toastbrot zufügen und unterheben. Masse mit Salz und Pfeffer abschmecken.

2. Kräuter abbrausen, trockenschleudern. Blätter von den Stielen zupfen und zusammen mit Joghurt, Mayonnaise und Senf in einem Mixer fein pürieren. Die Creme mit Salz, Cayennepfeffer und Limonensaft abschmecken.

3. Lachsfilets waschen, trockentupfen, mit Salz und Pfeffer würzen. Meerrettich-Krustenmasse gleichmäßig dünn auf das Fischfilet streichen.

4. Backofengrill auf höchste Stufe vorheizen. Bestrichenes Lachsfilet auf ein geöltes Backblech legen und im Ofen auf der untersten Einschubleiste in etwa 10 – 12 Minuten goldbraun gratinieren. Anschließend das Filet, am besten mit einem Elektromesser, in vier gleich große Stücke schneiden.

5. Gekochte Kartoffeln halbieren und in heißem Rapsöl schwenken. Dabei mit Meersalz und Pfeffer würzen. Lachsstücke mit den Kartoffeln auf der Kräutercreme anrichten. Nach Wunsch einige frische Kräuterblätter um die Creme streuen.

GRATINIERTER LACHS MIT MEERRETTICH-KRUSTE AUF KRÄUTERCREME

Seeteufel im Schinkenmantel
mit Erbsen-Melonen-Makkaroni

IHRE ZUTATEN FÜR 4 PERSONEN

2	*Schalotten*
400 g	*frisch gepulte Erbsen, ersatzweise Tiefkühlerbsen*
3 EL	*Olivenöl*
50 ml	*trockener Weißwein*
200 ml	*Gemüsebrühe*
100 ml	*fettreduzierte Sahne, z. B. Rama Cremefine zum Kochen, 15 % Fett*
2	*Seeteufelfilets à 250 g*
	Salz, Pfeffer
6	*Scheiben Parmaschinken*
½	*Honigmelone, ohne Kerne*
20 g	*Halbfettbutter*
2 EL	*frisch gehackter Dill*
150 g	*Makkaroni*

ZUBEREITUNG:

Nährwert pro Portion:
29 g E
16 g F
1 g Alkohol
18 g KH
6 g Ba
1,6 BE
2,1 KE
45 mg Chol
285 mg Na
870 mg K
430 mg Ph
340 kcal
1.360 kJ

1. Schalotten schälen, fein würfeln und zusammen mit den Erbsen in 1 EL heißem Olivenöl anschwitzen. Mit Wein ablöschen, Brühe und Sahne dazugießen und bei schwacher Hitze etwa 6 – 8 Minuten garen. Anschließend die Hälfte der Erbsen mit einer Siebkelle aus dem Sud nehmen und abtropfen lassen. Restliche Erbsen zusammen mit dem Sud pürieren. Erbsensoße durch ein feines Sieb in einen Topf passieren.

2. Makkaroni in kochendem Salzwasser bissfest garen, abschütten und in kurze Stücke schneiden. Nudeln zusammen mit den abgetropften Erbsen in die Erbsensoße geben und warm halten.

3. Seeteufelfilets waschen, trockentupfen, mit Salz und Pfeffer würzen. Ofen auf 150 C° vorheizen. Je 3 Scheiben Schinken leicht überlappend nebeneinander legen. Filets darin einwickeln und in 2 EL Olivenöl rundum anbraten. Dann für 10 Minuten in den Ofen schieben.

4. Melonenfruchtfleisch entweder mit einem speziellen Kugelausstecher aus der Melonenhälfte herauslösen oder die Melone schälen und in Würfel schneiden. Melonenkugeln

SEETEUFEL IM SCHINKENMANTEL MIT ERBSEN-MELONEN-MAKKARONI

bzw. -würfel unter das warme Erbsen-Makkaroni-Ragout mischen, mit Halbfettbutter und gehacktem Dill verfeinern. Mit Salz und Pfeffer abschmecken.

5. Seeteufelfilets in ca. 3 cm breite Scheiben schneiden und mit den Erbsen-Melonen-Makkaroni servieren.

Ragout von Meeresfrüchten

und Fisch à la Bouillabaisse

IHRE ZUTATEN FÜR 4 PERSONEN

1	*Karotte*	800 g	*Miesmuscheln, gesäubert und gewaschen*
2	*Schalotten*	1	*Orange, Schale und Saft, ca. 100 ml*
½ Stange	*Lauch*	6 EL	*Olivenöl*
1 kleine	*Fenchelknolle*	100 ml	*trockener Weißwein*
600 g	*Fischfilets mit Haut, ohne Gräten (z. B. Wolfsbarsch, Rotbarbe, St. Petersfisch, Seeteufel etc.)*	400 ml	*Fischfond*
6	*Kirschtomaten*	1 g	*Safran*
2	*Knoblauchzehen, geschält und fein gewürfelt*		*Meersalz, Pfeffer aus der Mühle*
8	*Riesengarnelen*		*Chili aus der Gewürzmühle*

ZUBEREITUNG:

Nährwert pro Portion:
15 g E
14 g F
2 g Alkohol
10 g KH
3 g Ba
0,1 BE
0,1 KE
230 mg Chol
590 mg Na
1.010 mg K
580 mg Ph
240 kcal
960 kJ

1. Karotten und Schalotten schälen, Lauch waschen. Alles in dünne Scheiben schneiden. Fenchel in dünne Streifen schneiden. Fischfilets waschen, eventuell vorhandene Schuppen entfernen. Filets in etwa 2–3 cm dicke Tranchen schneiden.

2. Vorbereitetes Gemüse zusammen mit Tomaten, Knoblauch, Muscheln, Garnelen und Orangenschale in 2 EL heißem Olivenöl in einem großen breiten Topf anschwitzen. Das Ganze mit Wein ablöschen, Fischfond und Orangensaft dazugießen und mit Safran, Meersalz, Pfeffer und Chili aus der Gewürzmühle würzen. Vorbereitete Fischstücke daraufsetzen, Topf mit einem Deckel verschließen und bei sanfter Hitze etwa 8 - 10 Minuten garen.

3. Ungeöffnete Muscheln entfernen. Restliche Muscheln mit Gemüse, Garnelen und Fischstücken auf Teller anrichten. Den Sud etwas einkochen lassen, restliches Olivenöl unterrühren, nochmals mit Salz, Pfeffer abschmecken und über Fisch, Gemüse, Garnelen und Muscheln verteilen.

RAGOUT VON MEERES-FRÜCHTEN UND FISCH À LA BOUILLABAISSE

St.-Peters-Fisch

in würziger Kokosmilch pochiert, mit marinierten Karotten-Glasnudeln und Pilz-Wan-Tans

IHRE ZUTATEN FÜR 4 PERSONEN

200 g	Shitakepilze
1 EL	Olivenöl
	Salz, Pfeffer, Chili a. d. Gewürzmühle
8	Wan-Tan-Blätter (Asialaden)
1	Eigelb, verquirlt
250 ml	frischer Karottensaft, ohne Zuckerzusatz
100 g	Glasnudeln, trocken
1 TL	Reisessig
1 EL	Sojasoße
50 g	Ingwer
2	Schalotten
2 kleine	rote Chilischoten
2 Stangen	Zitronengras
1 EL	Sesamöl
400 ml	Kokosmilch, ungesüßt
1 Limone	Schale
4	Petersfischfilets, ohne Haut und Gräten à 200 g
2 EL	Erdnussöl
20 g	Halbfettbutter
	Nach Belieben etwas Chili-Soße zum Beträufeln

Nährwert pro Portion:
37 g E
25 g F
45 g KH
3 g Ba
1,8 BE
2,4 KE
120 mg Chol
410 mg Na
1.130 mg K
620 mg Ph
550 kcal
2.200 kJ

ZUBEREITUNG:

1. Shitakepilze putzen, in kleine Würfel schneiden und in heißem Olivenöl andünsten. Dabei mit Salz, Pfeffer und etwa Chili würzen. Pilzmasse aus der Pfanne nehmen und abkühlen lassen.

2. Wan-Tan-Blätter nebeneinander auslegen, Pilzmasse als kleine Häufchen jeweils in die Mitte setzen. Teigränder dünn mit Eigelb bestreichen und zu Dreiecken zusammenklappen. Ränder fest zusammendrücken.

3. Karottensaft um die Hälfte einkochen lassen, heiß über die Glasnudeln gießen, Reisessig und Sojasoße zufügen und 20 Minuten marinieren lassen.

4. Ingwer und Schalotten in Scheiben schneiden. Chilischote der Länge nach halbieren. Zitronengras mit einer schweren Pfanne zerstampfen. Alles zusammen in 1 EL Sesamöl anschwitzen. Kokosmilch dazugießen, Limonenschale hineingeben. Sud mit Salz, Pfeffer würzen und auf ca. 70 C° erhitzen.

5. Fischfilets waschen, trockentupfen und in jeweils 2 Stücke teilen. Diese in den heißen, aber nicht kochenden Kokos-Sud legen und darin 10 - 12 Minuten pochieren.

ST.-PETERS-FISCH IN WÜRZIGER KOKOSMILCH POCHIERT, MIT MARINIERTEN KAROTTEN-GLAS-NUDELN UND PILZ-WAN-TANS

6. Wan-Tans in heißem Erdnussöl in einer flachen Pfanne von beiden Seiten goldbraun und knusprig ausbacken. Dann auf Küchenpapier abtropfen lassen.

7. Glasnudeln auf Teller verteilen, pochierte Fischstücke sowie frittierte Wan-Tans darauf anrichten. Kokos-Sud durch ein Sieb in einen kleinen Topf gießen. Halbfettbutter zufügen, Soße mit Salz abschmecken, schaumig mixen und über Fisch und Nudeln verteilen. Nach Belieben etwas Chili-Soße auf die Wan-Tans träufeln.

Heilbutt
im Bananenblatt gegart

IHRE ZUTATEN FÜR 4 PERSONEN

700 g	*Heilbuttfilet, ohne Haut und Gräten*
4 EL	*Sojasoße*
1	*Limone (Saft)*
1	*Chilischote, in Stücke geschnitten*
50 g	*Ingwer, in dünne Scheiben geschnitten*
200 ml	*ungesüßte Kokosmilch*
3	*Karotten*
3	*Petersilienwurzeln*
1 Stange	*Lauch*
4 – 6	*Bananenblätter (Asialaden)*
	Salz, Pfeffer, Chili aus der Gewürzmühle
8	*Limonenscheiben*
150 g	*Thai-Duftreis, trocken*
	nach Belieben süße Chili-Soße

Nährwert pro Portion:
41 g E
5 g F
41 g KH
9 g Ba
2 BE
2,5 KE
55 mg Chol
295 mg Na
1.320 mg K
555 mg Ph
375 kcal
1.500 kJ

ZUBEREITUNG:

1. Heilbuttfilet waschen, trockentupfen und in vier gleich große Stücke teilen. Diese nebeneinander in eine flache Schale legen. Sojasoße, Limonensaft, Chili, Ingwer und Kokosmilch über die Fischstücke verteilen. Zugedeckt im Kühlschrank mindestens 6 Stunden marinieren.

2. In der Zwischenzeit Karotten und Petersilienwurzeln schälen, Lauch waschen. Gemüse in dünne Scheiben schneiden bzw. hobeln und mischen.

3. Bananenblätter in etwa 20 x 30 cm große Stücke schneiden. Diese kurz auf die heiße Herdplatte legen, bis sie anfangen zu glänzen. Dadurch werden die Blätter elastischer und reißen nicht beim Einpacken der Fischstücke.

4. Heilbutt aus der Marinade nehmen und je ein Filetstück mit einem Viertel der Gemüse-Mischung auf ein Bananenblatt legen, etwas Marinade daraufträufeln und mit Salz, Pfeffer und Chili aus der Gewürzmühle würzen. Je 2 Limonenscheiben auf jedes Filetstück legen, Heilbutt in den Blättern einpacken.

HEILBUTT IM BANANENBLATT GEGART

5. Ofen auf 200 C° vorheizen. Bananenblattpäckchen nebeneinander auf ein Backblech legen und für etwa 15 Minuten in den heißen Ofen schieben.

6. Währenddessen Reis mit 2 ½ Tassen kaltem Wasser und einer Prise Salz in einen Topf geben, aufkochen lassen und bei reduzierter Hitze etwa 12 – 14 Minuten unter gelegentlichem Umrühren garen.

7. Fischpäckchen mit Reis servieren. Nach Belieben etwas Chili-Soße dazu reichen.

Saibling
mit süß-saurer Zwiebel-Marinade und gefüllten Gurken-Tomaten

IHRE ZUTATEN FÜR 4 PERSONEN

20 g	*Rosinen*
1 EL	*Rum mit 2 EL Wasser gemischt*
4	*Saiblingsfilets, ohne Haut und Gräten, à 100 g*
2	*rote Zwiebeln*
2 EL	*Olivenol*
1 EL	*Ahornsirup, 10 g*
50 ml	*Balsamico Bianco-Essig*
100 ml	*trockener Weißwein*
150 ml	*Fischfond*
	Salz, Pfeffer, Chili a. d. Gewürzmühle
8	*mittelgroße Strauch-tomaten*
1	*Salatgurke*
100 g	*Buttermilch*
½	*Schälchen Gartenkresse*
20 g	*geröstete Pinienkerne*

Nährwert pro Portion:
23 g E
9 g F
3 g Alkohol
10 g KH
2 g Ba
0,9 BE
1 KE
70 mg Chol
80 mg Na
740 mg K
2.900 mg Ph, 240 kcal
960 kJ

ZUBEREITUNG:

1. Rosinen über Nacht in Rum-Wasser-Mischung einweichen.

2. Saiblinge waschen, trockentupfen. Filets in 2–3 Stücke teilen und nebeneinander in eine flache breite Schale legen.

3. Zwiebeln schälen, in feine Streifen schneiden und in heißem Olivenöl glasig dünsten. Ahornsirup dazugeben, mit Essig und Weißwein ablöschen, Fischfond zugießen und alles um ein Drittel einkochen lassen, eingeweichte Rosinen unter die Marinade rühren, diese kräftig mit Salz, Pfeffer und etwas Chili würzen und noch heiß über die Saiblingsfilets gießen. Schale mit Folie abdecken, Fisch 2 Stunden in der Marinade ziehen lassen.

4. In der Zwischenzeit Tomaten über Kreuz einritzen, mit kochendem Wasser überbrühen, Haut abziehen. Oberes Drittel der Tomaten wie einen Deckel abschneiden, Tomaten vorsichtig mit einem Löffel aushöhlen, umgedreht mit der Öffnung nach unten zusammen mit den Deckeln auf ein Backblech setzen. Tomaten etwas salzen und pfeffern, für 20 Minuten in den 120 C° heißen Ofen geben.

SAIBLING MIT SÜSS-SAURER ZWIEBEL-MARINADE UND GEFÜLLTEN GURKEN-TOMATEN

5. Gurke waschen und mit Hilfe eines Sparschälers längliche Streifen herunterschälen. Diese mit Buttermilch vermischen, mit Salz und Pfeffer abschmecken. Etwas Kresse untermischen und ziehen lassen.

6. Tomaten aus dem Ofen nehmen, Gurkennudeln in die Tomaten verteilen, Deckel aufsetzen. Saiblingsfiletstücke auf Teller verteilen, etwas Marinade daraufträufeln und mit Pinienkernen bestreuen. Gefüllte Tomaten dazu servieren.

Kross gebratenes Zanderfilet
auf Spargel-Gulasch

IHRE ZUTATEN FÜR 4 PERSONEN

3 rote	*Paprikaschoten*	*2 EL*	*Mehl, Type 405 (20 g), zum Wenden*
400 ml	*Fischfond*	*2 EL*	*Olivenöl*
500 g	*weißer Spargel, möglichst dicke Stangen*	*2*	*Thymianzweige*
1	*große Zwiebel*	*1*	*Rosmarinzweig*
1 EL	*Rapsöl*	*2*	*Knoblauchzehen, angedrückt*
1 EL	*Paprikapulver, edelsüß*	*1 TL*	*Speisestärke (5 g), mit etwas kaltem Wasser angerührt*
1 TL	*Paprikapulver, scharf*	*1–2 EL*	*gehackte Petersilie*
600 g	*Zanderfilet mit Haut, ohne Gräten*		
	Salz, Pfeffer		
1	*Zitrone (Saft)*		

ZUBEREITUNG:

Nährwert pro Portion:
33 g E
9 g F
11 g KH
6 g Ba
0,3 BE
0,3 KE
105 mg Chol
85 mg Na
1050 mg K
85 mg Ph
260 kcal
1.040 kJ

1. Paprikaschoten halbieren, entkernen und in grobe Stücke teilen. Paprikastücke zusammen mit dem Fischfond in einen Mixer geben und sehr fein pürieren. Anschließend den Saft durch ein feines Tuch in einen Topf pressen.

2. Spargel schälen, untere Enden wegschneiden. Spargelstangen in ca. 3 cm lange Stücke teilen.

3. Zwiebel schälen, in feine Streifen schneiden und zusammen mit den Spargelstücken in heißem Rapsöl in einem breiten Topf 3–4 Minuten anschwitzen. Paprikapulver darüber stäuben und untermischen. Paprikasaft dazugießen, Gulasch unter gelegentlichem Umrühren bei mittlerer Hitze etwa 15 Minuten köcheln lassen.

4. In der Zwischenzeit Zanderfilet waschen, trockentupfen und in einzelne Tranchen teilen. Diese mit Salz, Pfeffer und Zitronensaft würzen, in Mehl wenden und in heißem Olivenöl zusammen mit den Kräutern und dem Knoblauch in einer beschichte-

KROSS GEBRATENES ZANDERFILET AUF SPARGEL-GULASCH

ten Pfanne auf der Hautseite etwa 5 Minuten braten. Danach die Fischstücke wenden, auf der anderen Seite eine weitere Minute braten, dann Pfanne vom Herd ziehen. Fisch im 100 C° heißen Ofen warm halten.

5. Spargelgulasch mit etwas Speisestärke binden, mit Salz und Pfeffer kräftig abschmecken. Gehackte Petersilie untermischen. Gulasch mit gebratenem Zander servieren.

Geschnetzeltes von der Seezunge
mit Spinat und Apfel-Curry-Soße

IHRE ZUTATEN FÜR 4 PERSONEN

400 ml	Apfelsaft, 100 % Frucht, ohne Zuckerzusatz
2 TL	Curry
80 g	kalte Halbfettbutter
2	Schalotten
1-2	Knoblauchzehen
20 g	Pinienkerne
3 EL	Olivenöl
400 g	Spinat, geputzt und gewaschen
	Salz, Pfeffer, Muskat
8	Seezungenfilets à ca. 50 g
1	Zitrone (Saft)

ZUBEREITUNG:

Nährwert pro Portion ohne Spaghetti:
18 g E
20 g F
14 g KH
4 g Ba
1 BE
1,2 KE
65 mg Chol
160 mg Na
1.050 mg K
265 mg Ph
310 kcal
1.240 kJ

1. Apfelsaft mit Curry auf 200 ml einkochen lassen. Dann stückchenweise die Butter unterrühren. Soße mit Salz abschmecken und warm halten.

2. Schalotten und Knoblauch schälen. Schalotten fein würfeln, Knoblauch in dünne Scheiben schneiden. Beides zusammen mit Pinienkernen in 1 EL Olivenöl anbraten. Spinat zufügen und zusammenfallen lassen. Gemüse mit Salz, Pfeffer und Muskat abschmecken.

3. Seezungenfilets waschen, trockentupfen und in Streifen schneiden. Die Stücke salzen und pfeffern, mit Zitronensaft beträufeln und im restlichen Olivenöl in einer großen beschichteten Pfanne etwa 2 – 3 Minuten rundum braten.

4. Gebratene Seezungenstreifen mit Spinat anrichten, Soße um das Gemüse verteilen. Dazu passen als Beilage z. B. Spaghetti.

GESCHNETZELTES VON DER SEEZUNGE MIT SPINAT UND APFEL-CURRY-SOSSE

Seite 104

Hauptgerichte
mit Fleisch und Geflügel

„Für mich gehört ein Stück Fleisch einfach dazu", sagt Profi-Fußballer und Typ-1-Diabetiker Dimo Wache. „Ein gutes Stück Fleisch hat abgesehen von den Kohlenhydraten alles, was man braucht an Nährstoffen."

Gegrillte Perlhuhnbrüstchen
mit Grapefruit-Tomaten-Salat und Vanille-Limonen-Dressing

IHRE ZUTATEN FÜR 4 PERSONEN

3	*unbehandelte Limonen*
1	*Vanilleschote*
1 EL	*flüssiger Süßstoff*
3 EL	*Olivenöl*
	Salz, Pfeffer
1	*rote Zwiebel*
2	*rosa Grapefruits, 300 g*
5	*Tomaten*
4	*Perlhuhnbrüste mit Haut und Knochen, à 200 g*
60 g	*Rucolasalat*

ZUBEREITUNG:

Nährwert pro Portion:
35 g E
18 g F
10 g KH
2 g Ba
0,4 BE
0,6 KE
120 mg Chol
110 mg Na
900 mg K
3.500 mg Ph
340 kcal
1.360 kJ

1. Von einer Limone die Schale abschälen und in möglichst feine Streifen schneiden. Alle Früchte halbieren, Saft auspressen. Vanilleschote der Länge nach halbieren, Mark herauskratzen. Schoten in Stücke schneiden.

2. Limonensaft und Schalenstreifen zusammen mit Süßstoff, ausgekratztem Vanillemark und Schotenstücken bei mittlerer Hitze etwa 4 Minuten köcheln lassen. Anschließend den Sirup mit 2 EL Olivenöl verquirlen. Dressing mit Salz und Pfeffer abschmecken.

3. Zwiebel schälen und in Streifen schneiden. Grapefruit schälen, so dass auch das Weiße der Schale mit entfernt wird. Tomaten waschen, Stielansatz entfernen. Geschälte Grapefruit und Tomaten in dünne Scheiben schneiden. Diese je nach Größe nochmals halbieren und mit den Zwiebelstreifen in eine Schüssel geben. Das Vanille-Limonen-Dressing dazugießen und alles locker miteinander mischen.

4. Perlhuhnbrüste mit restlichem Öl bepinseln. Mit Salz und Pfeffer würzen, auf einem heißen Holzkohlegrill

GEGRILLTE PERLHUHN-BRÜSTCHEN MIT GRAPE-FRUIT-TOMATEN-SALAT UND VANILLE-LIMONEN-DRESSING

oder in einer Grillpfanne auf jeder Seite etwa 6 Minuten braten.

5. Rucola putzen, waschen und trockenschleudern. Brüste eventuell in Stücke schneiden, mit Rucola und Tomaten-Grapefruit-Salat anrichten. Etwas vom Vanille-Limonen-Dressing auf die Perlhuhnbrüste träufeln und servieren.

Pochiertes Kalbsfilet
im Kräutermantel mit Pfifferlingrahm

IHRE ZUTATEN FÜR 4 PERSONEN

50 g	gemischte Kräuter (z. B. Petersilie, Kerbel, Estragon, Bärlauch, Dill)
500 g	Kalbsfilet, ohne Haut und Sehnen
	Salz, Pfeffer
2 EL	Olivenöl
400 g	Pfifferlinge
2	Schalotten
50 ml	Weinbrand
200 ml	Kalbsfond
100 ml	fettreduzierte Sahne, z. B. Rama Cremefine zum Kochen, 15 % Fett
50 g	kalte Halbfettbutter

ZUBEREITUNG:

Nährwert pro Portion, ohne Nudeln:
29 g E
19 g F
4 g Alkohol
4 g KH
7 g Ba
0 BE
0 KE
105 mg Chol
130 mg Na
1060 mg K
355 mg Ph
335 kcal
1.340 kJ

1. Kräuter abbrausen, trockenschütteln, Blätter von den Stielen zupfen und fein hacken.

2. Kalbsfilet rundum kräftig mit Salz und Pfeffer würzen, mit 1 EL Olivenöl einreiben. Dann in den gehackten Kräutern wälzen so dass diese das Filet gleichmäßig ummanteln. Zuerst in Frischhaltefolie, danach straff in Alufolie wickeln.

3. Eingepacktes Filet in siedendes Wasser (etwa 80 C° heiß) geben und darin etwa 20 Minuten garen. Anschließend aus dem Wasser nehmen und etwa 5 Minuten ruhen lassen.

4. In der Zwischenzeit Pfifferlinge gründlich putzen. Schalotten schälen, fein würfeln und im restlichen Olivenöl anschwitzen. Pilze zufügen, kurz mitdünsten, dann mit Weinbrand ablöschen und mit Kalbsfond und Sahne auffüllen. Soße etwas einkochen lassen, Butter stückchenweise unterrühren, mit Salz und Pfeffer abschmecken.

5. Kalbsfilet aus der Folie wickeln, in etwa 3 cm breite Stücke schneiden. Mit der Pilzsauce servieren.

Dazu passen gekochte Nudeln.

POCHIERTES KALBSFILET IM KRÄUTERMANTEL MIT PFIFFERLINGRAHM

Thailändisches Hähnchen-Curry
in Kokosrahm

IHRE ZUTATEN FÜR 4 PERSONEN

600 g	*Hähnchenbrustfilet*
1	*Baby-Ananas, ca. 200 g*
2 EL	*Sesamöl*
500 ml	*ungesüßte Kokosmilch*
1-2 TL	*rote Currypaste, sehr scharf (Asialaden)*
1 TL	*Speisestärke, 5 g*
3 EL	*Thailändische Fischsoße (Asialaden)*
200 g	*Thai-Duftreis, trocken (oder Basmatireis)*
20 g	*geröstete Erdnüsse zum Bestreuen*
	Korianderblätter zum Bestreuen

ZUBEREITUNG:

Nährwert pro Portion:
41 g E
10 g F
50 g KH
2 g Ba
3,1 BE
3,7 KE
100 mg Chol
170 mg Na
1.020 mg K
535 mg Ph
455 kcal
1.820 kJ

1. Hähnchenbrustfilets waschen, trockentupfen und in Stücke schneiden. Ananas sorgfältig schälen, vierteln, harten Strunk wegschneiden. Fruchtfleisch ebenfalls in mundgerechte Stücke schneiden.

2. Sesamöl in einem Wok erhitzen und darin das Hühnerfleisch ca. 2 Minuten scharf anbraten. Ananasstücke und Currypaste unterrühren. Kokosmilch dazugießen und bei reduzierter Hitze weitere 5 Minuten köcheln lassen.

3. Speisestärke mit Fischsoße verrühren, zum Hähnchen-Curry geben und es damit leicht binden.

4. Reis mit 400 ml kaltem Wasser und einer Prise Salz in einen Topf geben, aufkochen lassen und bei reduzierter Hitze etwa 12 – 14 Minuten unter gelegentlichem Umrühren garen.

5. Das Curry mit Salz abschmecken und mit gehackten Erdnüssen und Koriander bestreuen. Dazu den gekochten Basmatireis servieren.

THAILÄNDISCHES HÄHNCHEN-CURRY IN KOKOSRAHM

Filet-Geschnetzeltes
auf japanische Art

IHRE ZUTATEN FÜR 4 PERSONEN

500 g	*Rinderfilet*
100 ml	*Teriyaki-Soße (Asialaden)*
2 TL	*Speisestärke, 10 g*
1 TL	*Wasabipaste, scharf (Asialaden)*
je 1	*rote und gelbe Paprikaschote*
100 g	*Zuckerschoten*
150 g	*Shitake-Pilze*
2 EL	*Sesamöl*
	Salz, Pfeffer
½ TL	*flüssiger Süßstoff*
100 ml	*Rinderbrühe*
200 g	*Soba-Nudeln (japanische Nudelsorte, Asialaden), trocken*
50 g	*süß-sauer eingelegter Ingwer aus dem Glas*

ZUBEREITUNG:

Nährwert pro Portion:
36 g E
11 g F
43 g KH
8 g Ba
3 BE
3,6 KE
90 mg Chol
70 mg Na
930 mg K
375 mg Ph
415 kcal
1.660 kJ

1. Das Filet quer zur Faser in dünne Scheiben schneiden. Teriyaki-Soße mit Speisestärke und Wasabi verrühren, über die Filetscheiben gießen und vermischen.

2. Paprika vierteln, Strunk entfernen, Schoten schälen und in feine Streifen schneiden. Zuckerschoten diagonal halbieren. Shitake-Pilze putzen und vierteln.

3. Sesamöl in einem Wok stark erhitzen. Mariniertes Fleisch abtropfen lassen und in dem Öl scharf anbraten. Dann herausnehmen und in die Marinade zurückgeben. Vorbereitetes Gemüse in den Wok geben und ebenfalls anbraten. Dabei mit Salz, Pfeffer und etwas Süßstoff würzen. Die Rinderbrühe dazugießen, Fleisch samt Marinade zufügen und unterheben.

4. Soba-Nudeln nach Packungsangabe kochen, dann abtropfen lassen und mit dem Geschnetzelten anrichten. Dazu süß-sauer eingelegten Ingwer servieren.

FILET-GESCHNETZELTES AUF JAPANISCHE ART

In Kräuterbrösel gebackene Lammkoteletts

mit buntem Bohnensalat

IHRE ZUTATEN FÜR 4 PERSONEN

50 g	weiße Bohnen, trocken
50 g	rote Bohnen, trocken
100 g	Saubohnenkerne
150 g	breite Stangenbohnen
150 g	grüne Keniabohnen
2	Schalotten
1	Knoblauchzehe
8	Kirschtomaten
2 EL	Olivenöl
2–3 EL	Balsamico Bianco-Essig
2–3	Bohnenkrautzweige
1 EL	Ahornsirup, 10 g
je 2	Zweige Thymian, Rosmarin, Blattpetersilie
2 Scheiben	altbackenes Toastbrot, fein zerrieben
2 EL	Senf
12	Lammkoteletts à 40–50 g
2 EL	Olivenöl zum Braten der Koteletts
	Salz, Pfeffer

ZUBEREITUNG:

Nährwert pro Portion:
37 g E
30 g F
34 g KH
13 g Ba
2,3 BE
3,3 KE
80 mg Chol
145 mg Na
1.470 mg K
515 mg Ph
555 kcal
2.220 kJ

1. Getrocknete Bohnenkerne über Nacht in Wasser einweichen. Am nächsten Tag die Kerne in kochendem Wasser weich garen. Anschließend abgießen. Stangenbohnen und Keniabohnen putzen und in Stücke schneiden. Diese zusammen mit geschälten Saubohnenkernen in kochendem Salzwasser bissfest blanchieren. Dann in Eiswasser abschrecken.

2. Schalotten und Knoblauch schälen, fein würfeln und zusammen mit halbierten Kirschtomaten und 1 El Olivenöl in eine heiße Pfanne geben und kurz darin andünsten. Das Ganze mit Balsamico Bianco ablöschen und zu den vorbereiteten Bohnen in eine Schüssel geben.

3. Bohnenkrautblätter von den Stielen zupfen und hacken. Zusammen mit Ahornsirup und restlichem Olivenöl zu den Bohnen geben, gut durchmischen und den Salat mit Salz und Pfeffer abschmecken. Einige Minuten durchziehen lassen.

IN KRÄUTERBRÖSEL GEBACKENE LAMMKOTELETTS MIT BUNTEM BOHNENSALAT

4. Kräuterblätter von den Stielen zupfen, hacken und mit fein zerbröseltem Toastbrot mischen. Lammkoteletts salzen und pfeffern, von beiden Seiten dünn mit Senf einstreichen und in den Kräuterbröseln panieren.

5. Panierte Koteletts in heißem Olivenöl von beiden Seiten goldbraun ausbacken, auf Küchenpapier abtropfen lassen und mit dem buntem Bohnensalat servieren. Dazu passen als Beilage sehr gut goldbraun gebratene Rosmarin-Kartoffeln.

Wurzelgemüse Pot au feu
mit Schweinefilet

IHRE ZUTATEN FÜR 4 PERSONEN

3	Karotten
2 Stangen	Staudensellerie
3	Petersilienwurzeln
½ Stange	Lauch
12 kleine	Kartoffeln, 400 g
750 ml	Fleischbouillon
600 g	Schweinefilet
	Salz, Pfeffer aus der Mühle
	Schnittlauch zum Bestreuen

ZUBEREITUNG:

Nährwert pro Portion:
37 g E
4 g F
23 g KH
9 g Ba
1 BE
1,2 KE
105 mg Chol
215 mg Na
1.440 mg K
380 mg Ph
275 kcal
1.100 kJ

1. Karotten, Staudensellerie und Petersilienwurzel schälen und in Stücke schneiden. Lauch putzen, waschen und in Scheiben schneiden. Kartoffeln schälen.

2. Bouillon zum Kochen bringen, Karotten, Staudensellerie, Petersilienwurzel und Kartoffeln in die Bouillon geben und bei mittlerer Hitze etwa 10 Minuten köcheln lassen.

3. Schweinefilet in die Bouillon geben und weitere 10 – 12 Minuten garen. Etwa 3 Minuten vor Ende der Garzeit den Frühlingslauch zufügen.

4. Filet aus der Brühe nehmen und 5 Minuten ruhen lassen. Dann das Fleisch in Scheiben schneiden, salzen und pfeffern, mit Gemüse und Bouillon in tiefen Tellern anrichten. Mit Schnittlauch bestreut servieren.

WURZELGEMÜSE POT AU FEU MIT SCHWEINEFILET

Geschmortes vom Kaninchen
und buntem Gemüse

IHR EINKAUFSZETTEL FÜR 6 PERSONEN

1	*Kaninchen in Stücke zerteilt (am besten vom Metzger), ca. 1,5 kg*	12	*Perlzwiebeln*
	Salz, Pfeffer	8 Stangen	*grüner Spargel*
2 EL	*Olivenöl zum Anbraten*	3 Stangen	*Staudensellerie*
je 2	*Thymian- und Rosmarinzweige*	2	*Petersilienwurzeln*
2	*Knoblauchzehen, angedrückt*	12	*kleine Kartoffeln, 480 g*
150 ml	*trockener Weißwein*	4	*Artischocken*
250 ml	*kräftige Hühnerbrühe*	8	*Kirschtomaten*
8	*kleine Möhren*	2 EL	*gehackte Petersilie*
		1 EL	*Olivenöl*

ZUBEREITUNG:

Nährwert pro Portion:
67 g E
29 g F
2 g Alkohol
37 g KH
25 g Ba
1 BE
1,2 KE
2.100 mg Chol
325 mg Na
2.790 mg K
980 mg Ph
695 kcal
2.780 kJ

1. Ofen auf 180 C° vorheizen. Kaninchenstücke rundum mit Salz und Pfeffer würzen, in heißem Olivenöl zusammen mit den Kräuterzweigen und dem Knoblauch in einer Schmorpfanne anbraten, mit Wein ablöschen, dann die Brühe angießen. Rückenteile aus der Schmorpfanne nehmen, übrige Kaninchenteile für 30 Minuten in den heißen Ofen schieben.

2. In der Zwischenzeit das Gemüse putzen bzw. schälen und in Stücke schneiden.

3. Zwiebeln, Karotten, Petersilienwurzeln, Kartoffeln und Artischocken zum Kaninchen in die Schmorpfanne geben und 30 Minuten mit schmoren. Dann die Rückenteile des Kaninchens sowie grünen Spargel, Staudensellerie und Tomaten zufügen und weitere 15 Minuten schmoren.

4. Schmorpfanne aus dem Ofen nehmen, Fond in einen Topf gießen. Frisch gehackte Petersilie unter das Gemüse mischen und mit den geschmorten Kaninchenteilen auf ei-

ner Platte anrichten. Olivenöl nach und nach unter den Schmorfond mixen, mit Salz und Pfeffer kräftig abschmecken. Soße über Gemüse und Kaninchen verteilen und servieren.

GESCHMORTES VOM KANINCHEN UND BUNTEM GEMÜSE

Schaschlik

mit Rind- und Lammfleisch auf orientalischem Couscous-Salat

IHRE ZUTATEN FÜR 4 PERSONEN

Für den Salat:

200 g	Instant Couscous, trocken
250 ml	Geflügelbrühe
1	rote Zwiebel
1	Granatapfel, ca. 100 g
40 g	Pinienkerne
3 EL	Olivenöl
3 EL	Balsamico Bianco-Essig
2	Minzezweige
2	Korianderzweige
	Salz, Pfeffer
Prise	Zimt, gemahlen

Für die Schaschlik-Spieße:

je 1	rote und gelbe Paprika
2	Zwiebeln
300 g	Lammfilet
300 g	Rinderfilet
2 EL	Olivenöl
	Salz, Pfeffer, Paprikapulver

ZUBEREITUNG:

Nährwert pro Portion, ohne Salatbeilage:
40 g E
24 g F
46 g KH
7 g Ba
2,8 BE
3,7 KE
100 mg Chol
90 mg Na
830 mg K
395 mg Ph
560 kcal
2.240 kJ

1. Couscous mit kochender Brühe übergießen. Dann etwa 5 Minuten quellen lassen. Rote Zwiebel schälen und fein würfeln. Granatapfel aufbrechen, Kerne herauslösen. Pinienkerne in einer Pfanne ohne Fett goldbraun rösten.

2. Ofen auf 150 C° vorheizen. Für die Spieße Paprika vierteln, Kerngehäuse entfernen. Paprikaviertel in 3 cm große Stücke schneiden. Zwiebeln schälen, vierteln und in einzelne Blätter teilen. Fleisch in mundgerechte Stücke schneiden. Lamm- und Rindfleischwürfel abwechselnd mit den Zwiebel- und Paprikastücken auf lange Spieße stecken. Schaschlik-Spieße mit Salz, Pfeffer und etwas Paprikapulver würzen, in 2 EL heißem Olivenöl rundum scharf anbraten. Dann für 20 Minuten in den heißen Ofen geben.

3. In der Zwischenzeit die roten Zwiebelwürfelchen in 1 EL heißem Olivenöl anschwitzen. Mit Essig ablöschen, etwas einkochen lassen, dann zusammen mit den Grantapfelkernen zum gequollenen Couscous geben und untermischen.

SCHASCHLIK MIT RIND- UND LAMM-FLEISCH AUF ORIENTALISCHEM COUSCOUS-SALAT

4. Minze und Koriander mit den gerösteten Pinienkernen ebenfalls unter den Couscous mischen. Salat mit Salz, Pfeffer und einer Prise Zimt abschmecken, etwas ziehen lassen. Dann mit den Schaschlik-Spießen servieren. Dazu passt gut ein frischer Blattsalat als Beilage.

Entenfrikadellen

mit Orangen-Whiskey-Soße auf Wirsinggemüse

IHR EINKAUFSZETTEL FÜR 4 PERSONEN

2	*altbackene Brötchen, 80 g*
150 ml	*lauwarme Milch, 1,5 % Fett*
600 g	*Entenfleisch aus Keule und Brust, ohne Haut und Fett*
2	*Zwiebeln*
1	*Knoblauchzehe*
1	*Ei*
	Salz, Pfeffer
1 EL	*Majoran, gehackt*
3 EL	*Rapsöl*

Orangen-Whiskey-Soße:

3	*Orangen*
50 ml	*Whiskey*
1 TL	*Speisestärke (5 g), mit etwas kaltem Wasser angerührt*
	Salz, Pfeffer

Wirsing-Rahm-Gemüse:

½	*Wirsingkopf*
3	*Schalotten*
1 EL	*Rapsöl*
150 ml	*Geflügelbrühe*
100 ml	*fettreduzierte Sahne, z.B. Rama Cremefine zum Kochen, 15 % Fett*
	Salz, Pfeffer, Muskatnuss

Nährwert pro Portion:
36 g E
42 g F
4 g Alkohol
28 g KH
6 g Ba
1,8 BE
1,8 KE
175 mg Chol
195 mg Na
840 mg K
470 mg Ph
665 kcal
2.660 kJ

ZUBEREITUNG:

1. Von einer Orange die Schale mit einem Sparschäler dünn abschälen und diese in feine Streifen schneiden. Alle Orangen auspressen (ergibt ca. 300 ml Saft).

2. Für die Frikadellen Brötchen klein würfeln, mit Milch begießen und 5 Minuten einweichen. Das Entenfleisch in Streifen schneiden und durch den Fleischwolf drehen. Zwiebeln und Knoblauch schälen, fein würfeln und in 1 EL Öl glasig dünsten. Die eingeweichten Brötchen gut ausdrücken und zusammen mit dem Ei und der Schalotten-Knoblauch-Mischung zu dem Hackfleisch geben und alles gut miteinander vermischen. Dabei kräftig mit Salz und Pfeffer würzen.

3. Backofen auf 140° C vorheizen. Die Frikadellenmasse mit Majoran verfeinern und mit angefeuchteten Händen runde Bällchen formen. Diese etwas flach drücken und im restlichen heißen Öl von beiden Seiten goldbraun anbraten. Entenfrikadellen aus der Pfanne nehmen, Orangenstreifen hineingeben und darin anschwitzen. Bratansatz mit Whiskey ablöschen, Orangensaft

dazugießen. Frikadellen in den Sud geben, Pfanne für etwa 15 Minuten in den Ofen stellen.

4. Wirsing putzen und in Rauten schneiden. Schalotten schälen und fein würfeln. Die Wirsingrauten mit Schalottenwürfeln im heißen Öl anschwitzen. Geflügelfond und Sahne zugießen und bei kleiner Hitze unter gelegentlichem Umrühren das Gemüse weich garen. Dabei mit Salz, Pfeffer und Muskat würzen.

5. Frikadellen aus dem Ofen nehmen und mit dem Wirsing-Gemüse anrichten. Orangensoße etwas einkochen lassen, dann mit angerührter Speisestärke leicht binden. Soße abschließend mit Salz und Pfeffer kräftig abschmecken. Zu den Frikadellen und dem Wirsing servieren.

ENTENFRIKADELLEN MIT ORANGEN-WHISKEY-SOSSE AUF WIRSINGGEMÜSE

Seite 124

Desserts

„Mit frischem Obst und Gemüse versorgen Sie Ihren Körper mit natürlichen Vitaminen, Mineralstoffen und sekundären Pflanzenstoffen. Außerdem steckt in knackfrischem Gemüse, Salat und Obst einiges an Ballaststoffen. Das kommt Ihrer Verdauung und Ihrem Blutzucker zugute. Ganz nebenbei schmeckt es auch noch richtig gut."
(Johann Lafer)

www.johannlafer.de

Basilikum-Quark-Mousse
mit Erdbeeren

IHRE ZUTATEN FÜR 6 PERSONEN

Biskuits:

2	Eier
	Mark von 1 Vanilleschote
3 EL	Streusüße auf Aspartambasis, z. B. Canderel oder Feine Süsse
75 g	Mehl, Type 405

Basilikumcreme:

2 Blatt	Gelatine
	Saft und fein geriebene Schale von 2 Limonen
1 TL	flüssiger Süßstoff
1 Bund	Basilikum (etwa 6 – 7 Zweige)
200 g	Magerquark
200 g	fettreduzierte Sahne, z. B. Rama Cremefine zum Schlagen, 19 % Fett
500 g	Erdbeeren

Minze zum Garnieren

ZUBEREITUNG:

1. Ofen auf 180 C° vorheizen. Eier trennen. Eigelbe mit Vanillemark und Streusüße schaumig schlagen. Eiweiße zu steifem Schnee schlagen. Dann abwechselnd mit dem Mehl unter die Eigelbmasse heben.

2. Biskuitmasse in einen Spritzbeutel mit Lochtülle füllen und etwa 12-16 Tupfen mit ca. 4 cm Abstand auf ein mit Backpapier belegtes Backblech spritzen. Biskuits im Ofen etwa 10 Minuten backen. Anschließend herausnehmen und abkühlen lassen.

3. Gelatine etwa 5 Minuten in kaltem Wasser einweichen. Limonensaft und -schale zusammen mit Süßstoff unter Rühren erhitzen, eingeweichte Gelatine ausdrücken und im warmen Limonensaft auflösen. Etwas abkühlen lassen.

4. Basilikum abbrausen und trockenschütteln. Blätter vom Stiel zupfen und mit Quark und Limonen-Gelatine-Mischung in einen Mixer geben und fein pürieren. Das Ganze in eine Schüssel umfüllen.

5. Rama Cremefine steif schlagen und behutsam unter die Quarkmasse heben. Basilikum-Mousse für ca. 3 Stunden in den Kühlschrank stellen.

Nährwert pro Portion:
10 g E
9 g F
17 g KH
2 g Ba
1,2 BE
1,3 KE
80 mg Chol
45 mg Na
220 mg K
140 mg Ph
190 kcal
760 kJ

6. In der Zwischenzeit Erdbeeren waschen, putzen und je nach Größe halbieren oder vierteln. Ein Drittel der Beeren mit etwas flüssigem Süßstoff fein pürieren und mit den restlichen Erdbeeren mischen.

7. Basilikum-Quark-Mousse in einen Spritzbeutel mit großer Lochtülle füllen. Zuerst je 2 – 3 Biskuittaler pro Portion in die Gläser verteilen, dann die Basilikum-Mousse daraufspritzen. Marinierte Erdbeeren darauf verteilen und mit frischer Minze garniert servieren.

BASILIKUM-QUARK-MOUSSE MIT ERDBEEREN

Süße Beerensuppe
mit Buttermilchnocken

IHRE ZUTATEN FÜR 4 PERSONEN

200 ml	*Buttermilch*
1 TL	*flüssiger Süßstoff*
	Saft von 1 Zitrone
3 Blatt	*Gelatine*
150 g	*fettreduzierte Sahne, z.B. Rama Cremefine zum Schlagen, 19 % Fett*
600 g	*gemischte, frische Beeren*
3 bis 4 EL	*Streusüße auf Aspartambasis, z. B. Canderel oder Feine Süße*
	Mark von 1 Vanilleschote
200 ml	*Sekt, extra trocken oder Champagner*
	Minze zum Garnieren

ZUBEREITUNG:

Nährwert pro Portion:
3 g E
8 g F
4 g Alkohol
29 g KH
1 g Ba
1 BE
1,2 KE
5 mg Chol
35 mg Na
395 mg K
80 mg Ph
210 kcal
840 kJ

1. Die Hälfte der Buttermilch zusammen mit Süßstoff und Zitronensaft erwärmen. Die in kaltem Wasser eingeweichte Gelatine gut ausdrücken und darin auflösen. Restliche Buttermilch zufügen und abkühlen lassen.

2. Beginnt die Buttermilch zu gelieren, steif geschlagenes Rama Cremefine unterheben. Das Ganze in eine Schüssel umfüllen und im Kühlschrank fest werden lassen.

3. In der Zwischenzeit die Beeren waschen, putzen und gegebenenfalls klein schneiden. Zwei Drittel davon mit der Streusüße und Vanillemark im Mixer pürieren und durch ein Sieb passieren. Sekt oder Champagner unterrühren.

4. Restliche Beeren auf Teller verteilen, Suppe darüber schöpfen. Mit einem in heißes Wasser getauchten Löffel kegelförmige Nocken aus der Buttermilchmousse abstechen und daraufsetzen. Mit frisch geschnittener Minze bestreut servieren.

SÜSSE BEERENSUPPE MIT BUTTERMILCH-NOCKEN

Rosmarin-Eisparfait

auf Pfirsich-Passionsfrucht-Ragout

IHRE ZUTATEN FÜR 4 PERSONEN

250 ml	Milch, 1,5 % Fett
1 EL	flüssiger Süßstoff
3	Rosmarinzweige, grob zerkleinert
3	Eigelbe
250 g	fettreduzierte Sahne, z. B. Rama Cremefine zum Schlagen, 19 % Fett
4	mittelgroße Pfirsiche (500 g)
2	Passionsfrüchte (Maracuja, ca. 100 g)
100 ml	Passionsfruchtsaft, 100 % Frucht, ohne Zuckerzusatz
1 TL	Speisestärke (5 g), mit etwas kaltem Wasser angerührt
100 g	frische Himbeeren
40 g	Amaretti-Gebäck

ZUBEREITUNG:

Nährwert pro Portion:
14 g E
23 g F
32 g KH
davon 12 g Zucker
5 g Ba
2,8 BE
3,1 KE
300 mg Chol
125 mg Na
615 mg K
295 mg Ph
390 kcal
1.560 kJ

1. Milch, Süßstoff und Rosmarin zusammen aufkochen, vom Herd nehmen und ca. 30 Minuten ziehen lassen.

2. Rosmarin-Milch durch ein Sieb zu den Eigelben in eine Schüssel gießen, miteinander verrühren und über einem heißen Wasserbad zu cremig-dickflüssiger Konsistenz aufschlagen. Dann zugedeckt im Kühlschrank etwa 2 Stunden durchziehen lassen.

3. Rama Cremefine steif schlagen und unter die erkaltete Rosmarin-Creme heben. Parfaitmasse in eine mit Folie ausgekleidete Form füllen. Für 4 bis 5 Stunden in das Gefrierfach stellen.

4. In der Zwischenzeit Pfirsiche halbieren, entsteinen und das Fruchtfleisch in Stücke schneiden. Passionsfrüchte halbieren, das Innere mit einem Löffel herauskratzen.

5. Passionsfruchtsaft und -kerne zusammen mit den Pfirsichstücken etwas einkochen lassen, Ragout mit der angerührten Speisestärke leicht binden. Vom Herd nehmen.

ROSMARIN-EISPARFAIT AUF PFIRSICH-PASSIONS-FRUCHT-RAGOUT

6. Das gefrorene Parfait aus der Form stürzen, in dicke Scheiben schneiden und auf dem Ragout zusammen mit frischen Himbeeren anrichten. Nach Belieben mit zerbröselten Amaretti bestreut servieren.

Warme Rhabarber-Consommé
mit Holunderblütensorbet

IHRE ZUTATEN FÜR 4 PERSONEN

100 ml	*Wasser*
3 EL	*Streusüße auf Aspartambasis, z. B. Canderel oder Feine Süße*
2	*Zitronenscheiben*
30 g	*Holunderblüten*
600 ml	*trockener Weißwein*
	Saft von 1 Zitrone
2	*Eiweiß*
500 g	*Rhabarber*
1 EL	*flüssiger Süßstoff*
250 g	*Erdbeeren*
2	*mittelgroße Pfirsiche, 250 g*

ZUBEREITUNG:

Nährwert pro Portion:
4 g E
0 g F
15 g Alkohol
11 g KH
6 g Ba
0,6 BE
0,8 KE
0 mg Chol
40 mg Na
710 mg K
90 mg Ph
180 kcal
720 kJ

1. Wasser, Streusüße und Zitronenscheiben zusammen aufkochen lassen. Dies über die Holunderblüten gießen, noch einmal aufkochen, dann 30 Minuten ziehen lassen. Sud durch ein feines Tuch gießen.

2. 300 ml vom Weißwein abmessen und mit dem Holunderblütensirup, Zitronensaft und Eiweiß verrühren und in einer Eismaschine cremig-fest gefrieren lassen.

3. Rhabarber waschen und klein würfeln. Zusammen mit dem restlichen Wein und Süßstoff in einen Topf geben, einmal aufkochen, dann bei schwacher Hitze 30 Minuten ziehen lassen.

4. In der Zwischenzeit Erdbeeren putzen, waschen und je nach Größe halbieren oder vierteln. Pfirsiche halbieren, Kern entfernen, Fruchtfleisch in kleine Würfel schneiden. Beides mischen und in tiefe Teller verteilen.

5. Consommé durch ein Tuch pressen und warm zu den Erdbeer- und Pfirsichstückchen in die tiefen Teller gießen. Je eine große Kugel Sorbet daraufsetzen und sofort servieren.

WARME RHABARBER-CONSOMMÉ MIT HOLUNDERBLÜTENSORBET

Kokosmilchreis-Törtchen

mit Mango

IHRE ZUTATEN FÜR 4 PERSONEN

100 g	*Milchreis, trocken*
400 ml	*ungesüßte Kokosmilch*
1 TL	*flüssiger Süßstoff*
1 TL	*Rum-Aroma*
1	*Mango, ca. 300 g*
75 g	*Cornflakes*
50 g	*Vollmilch-Schokolade*
50 ml	*fettreduzierte Sahne, z.B. Rama Cremefine zum Schlagen, 19 % Fett*
1 EL	*geröstete Erdnüsse zum Bestreuen*

Nährwert pro Portion:
6 g E
9 g F
56 g KH
davon
18 g Zucker
3 g Ba
4,2 BE
3,9 KE
20 mg Chol
235 mg Na
545 mg K
1.200 mg Ph
330 kcal
1.320 kJ

ZUBEREITUNG:

1. Reis mit Kokosmilch und Süßstoff in einen Topf geben und bei mittlerer Hitze unter häufigem Umrühren offen ca. 20 Minuten garen. Topf vom Herd nehmen, Milchreis mit Rumaroma verfeinern. Anschließend vollständig abkühlen lassen.

2. In der Zwischenzeit Mango schälen, Fruchtfleisch am Stein entlang herunter schneiden. Zwei Drittel des Fruchtfleisches in kleine Würfel schneiden, restliches Fruchtfleisch in einem Mixer fein pürieren. Mangopüree mit Mangowürfeln mischen.

3. Vier Ringe mit einem Durchmesser von ca. 4 cm und einer Höhe von ca. 5 cm auf ein mit Backpapier belegtes Blech stellen. Schokolade in kleine Stücke brechen und in einer Schüssel über einem heißen Wasserbad schmelzen. Cornflakes fein zerbröseln, zur flüssigen Schokolade geben und gründlich miteinander mischen. Diese Mischung in die Ringe verteilen und etwas festdrücken. Dann in den Kühlschrank stellen und fest werden lassen. Fest gewordenen Boden mit einem kleinen Messer vom Ring lösen, den Ring aber nicht entfernen.

KOKOSMILCHREIS-TÖRTCHEN MIT MANGO

4. Rama Cremefine steif schlagen und unter den erkalteten Kokosmilchreis heben. Zuerst den Kokosmilchreis in die vier Ringe auf den fest gewordenen Cornflakes-Boden verteilen, danach das Mango-Ragout darauf geben. Je einen gefüllten Ring auf einen Teller setzen. Ring vorsichtig abziehen, Törtchen mit gehackten Erdnüssen bestreuen und mit etwas Mangofruchtsoße servieren.

Pina Colada warm / kalt

IHRE ZUTATEN FÜR 4 COCKTAILS

1	*Ananas, ca. 600 g*
4 cl	*weißer Rum*
	Saft von 1 Limone
50 g	*Gelierzucker 2:1*
300 ml	*ungesüßte Kokosmilch*
1 EL	*geröstete Kokosflocken zum Bestreuen*

Nährwert pro Portion:
1 g E
2 g F
3 g Alkohol
36 g KH
davon
28 g Zucker
3 g Ba
2,6 BE
3 KE
0 mg Chol
40 mg Na
495 mg K
40 mg Ph
190 kcal
760 kJ

ZUBEREITUNG:

1. Ananas schälen, vierteln, Strunk entfernen. Die Hälfte des Fruchtfleisches in möglichst kleine Würfel schneiden. Restliches Fruchtfleisch grob würfeln und mit Rum und Limonensaft in einen Mixer geben und fein pürieren. Flüssigkeit durch ein feines Sieb in einen flachen Behälter streichen und für 3-4 Stunden in das Gefrierfach stellen. Gelegentlich mit einer Gabel gefrorenen Saft vom Rand und Boden kratzen.

2. In der Zwischenzeit Ananaswürfel zusammen mit Gelierzucker in einen Topf geben und 5 Minuten auf dem Herd unter ständigem Rühren sprudelnd kochen lassen. Anschließend im Kühlschrank auskühlen lassen.

3. Kokosmilch in einem kleinen hohen Topf aufkochen lassen. Vom Herd ziehen und mit einem Pürierstab schaumig aufmixen.

4. In 4 Cocktailgläser jeweils etwas von dem Ananasragout verteilen. Das Ananas-Frappé bis zur Hälfte in Cocktailgläser füllen. Den warmen Kokosschaum abschöpfen und auf dem gefrorenen Ananas-Frappé verteilen. Mit gerösteten Kokosflocken bestreut sofort servieren.

PINA COLADA WARM / KALT

Schoko-Brownies
mit Äpfeln und Walnüssen

IHRE ZUTATEN FÜR CA. 20 BROWNIES

2	mittelgroße Äpfel, 250 g
100 g	Walnüsse
1 EL	Walnussöl
150 g	Zartbitterschokolade
100 g	Margarine
4	Eier
1-2 EL	flüssiger Süßstoff
1 Prise	Salz
75 g	Crème fraîche, max. 20 % Fett
150 g	Mehl, Type 405
1 Tl	Backpulver
	Streusüße zum Bestäuben

Nährwert pro Portion:
4 g E
12 g F
11 g KH
davon
4 g Zucker
2 g Ba
0,9 BE
0,9 KE
50 mg Chol
25 mg Na
130 mg K
75 mg Ph
170 kcal
680 kJ

ZUBEREITUNG:

1. Äpfel schälen, entkernen und klein würfeln. Walnüsse grob zerkleinern und mit den Apfelwürfeln in einer heißen Pfanne im Wallnussöl rösten.

2. Schokolade in Stücke brechen und zusammen mit der Margarine in einer Schüssel über einem heißen Wasserbad schmelzen lassen.

3. Ofen auf 180 C° vorheizen. Ein tiefes Backblech (ca. 20 x 30 cm) mit Backpapier auslegen.

4. Eier mit Süßstoff und einer Prise Salz in etwa 5 Minuten cremig-schaumig schlagen. Dann zuerst Crème fraîche, danach die flüssige Schokoladen-Margarine-Mischung unterrühren.

5. Mehl mit Backpulver mischen und zusammen mit den gebratenen Apfelstückchen und Walnüssen unterheben. Brownieteig in das Backblech gießen und etwa 30 Minuten im Ofen backen. Anschließend abkühlen lassen, in Quadrate schneiden und mit Streusüße bestäuben.

SCHOKO-BROWNIES MIT ÄPFELN UND WALNÜSSEN

Getränkter Zebra-Kuchen

IHRE ZUTATEN FÜR EINE KASTENFORM 16 CM LÄNGE, CA. 8 STÜCKE

200 g	weiche Margarine
1 Prise	Salz
1-2 EL	flüssiger Süßstoff
4	Eier
300 g	Mehl, Type 405
1 EL	Backpulver
250 ml	fettreduzierte Sahne, z. B. Rama Cremefine zum Kochen, 15 % Fett
2 EL	Kakaopulver
	Saft von 3 Limonen
	Mark von 1 Vanilleschote
1 TL	flüssiger Süßstoff

ZUBEREITUNG:

Nährwert pro Stück, bei 8 insgesamt:
9 g E
29 g F
30 g KH
2 g Ba
2,5 BE
2,5 KE
120 mg Chol
70 mg Na
140 mg K
110 mg Ph
415 kcal
1.660 kJ

1. Margarine mit einer Prise Salz und Süßstoff schaumig schlagen. Nach und nach die Eier unterrühren. Mehl mit Backpulver mischen, dazu sieben, Rama Cremefine unterheben.

2. Ofen auf 180 C° vorheizen. Die Hälfte des Teigs mit Kakao verrühren.

3. Beide Teige abwechselnd in dünnen Lagen in eine mit Backpapier ausgelegte Kastenform füllen und etwa 60 Minuten im Ofen backen.

4. Kuchen aus dem Ofen nehmen, etwas abkühlen lassen. Limonensaft mit 50 ml Wasser, Vanillemark und Süßstoff aufkochen, nach und nach über den Kuchen gießen und ihn damit tränken.

GETRÄNKTER ZEBRA-KUCHEN

Heidelbeer-Muffins

IHRE ZUTATEN FÜR 12 STÜCK

250 g	*frische Heidelbeeren*
220 g	*Mehl, Type 405*
2 TL	*Backpulver*
250 g	*saure Sahne*
50 ml	*Sonnenblumenöl*
	geriebene Schale von 1 Zitrone
1 – 2 EL	*flüssiger Süßstoff*
1	*Ei*
	Zimtpulver zum Bestäuben

ZUBEREITUNG:

Nährwert pro Portion:
3 g E
7 g F
15 g KH
2 g Ba
1,3 BE
1,2 KE
30 mg Chol
15 mg Na
70 mg K
45 mg Ph
135 kcal
540 kJ

1. Backofen auf 180° C vorheizen. Papierförmchen in die Vertiefungen eines Muffin-Blechs setzen.

2. Heidelbeeren verlesen, waschen und gut abtropfen lassen.

3. Mehl und Backpulver miteinander mischen. Saure Sahne, Öl, Zitronenschale, Süßstoff und Ei miteinander verquirlen. Diese Mischung zur Mehl-Mischung gießen und glattrühren.

4. Den Teig in die Förmchen verteilen, Heidelbeeren darüberstreuen und im Backofen ca. 20 – 25 Minuten backen. Am besten noch lauwarm, mit etwas Zimt bestäubt servieren.

HEIDELBEER-MUFFINS

Birnen-Schoko-Röllchen

knusprig gebacken

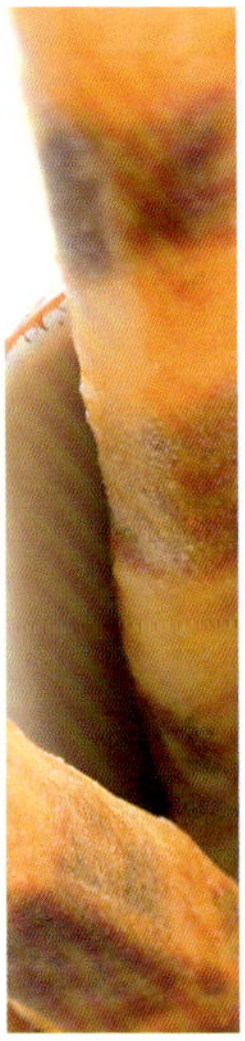

IHRE ZUTATEN FÜR 8 RÖLLCHEN

2	*Birnen, ca. 300 g*
	Saft von 1 Zitrone
75 g	*Zartbitterschokolade*
1 EL	*Kakao*
1	*Eigelb*
1 TL	*flüssiger Süßstoff*
2 EL	*Semmelbrösel, 30 g*
250 g	*Magerquark*
8	*Frühlingsrollenblätter (Asialaden)*
1	*Eiweiß*
3 EL	*Sonnenblumenöl*
	Kakao zum Bestäuben

Nährwert pro Portion:
8 g E
6 g F
23 g KH
davon
5 g Zucker
3 g Ba
1,1 BE
2,2 KE
30 mg Chol
40 mg Na
185 mg K
1.100 mg Ph
270 kcal
1.080 kJ

ZUBEREITUNG:

1. Birnen schälen, halbieren, Kerngehäuse entfernen. Birnenhälften in 1 cm große Würfel schneiden und mit Zitronensaft mischen.

2. Schokolade fein in eine Schüssel reiben. Kakao, Eigelb, Süßstoff, Semmelbrösel und Quark zufügen und gründlich miteinander verrühren.

3. Die Ränder der Frühlingsrollenblätter mit etwas verquirltem Eiweiß bestreichen. Knapp unterhalb der Mitte etwas Schokoladen-Quark-Creme länglich auf das Teigblatt geben. Birnenwürfel nebeneinander in den Quark drücken. Teig zu Röllchen aufrollen. Enden links und rechts fest zusammendrücken.

4. Birnen-Röllchen in einer großen Pfanne in heißem Öl rundum goldbraun und knusprig backen, dann auf Küchenpapier abtropfen lassen und mit etwas Kakao bestäubt servieren.

BIRNEN-SCHOKO-RÖLLCHEN KNUSPRIG GEBACKEN

Rezepte-Index

Hauptgerichte mit Fisch 86

Hauptgerichte mit Fleisch und Geflügel 104

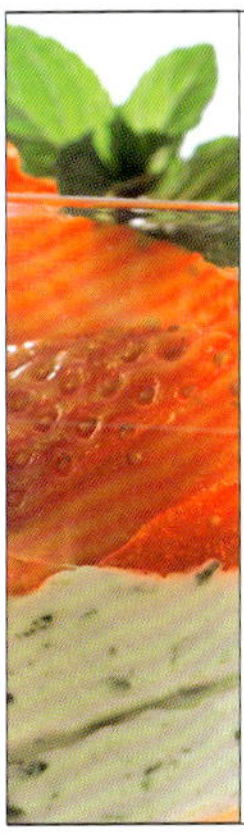

Desserts 124

Menüvorschläge

„Exotisch"

Vorspeise

Ceviche vom Seeteufel mit Ananas und Gurke 46

Hauptgericht

Filet-Geschnetzeltes auf japanische Art 112

Dessert

Kokosmilchreis-Törtchen mit Mango 134

„Festlich Frühling/Sommer"

Vorspeise

Spargel-Rösti mit Räucherlachs und Passionsfrucht-Dressing 44

Suppe

Schaumsuppe von frischem Bärlauch mit Grill-Tomaten 66

Hauptgericht

Pochiertes Kalbsfilet im Kräutermantel mit Pfifferlingsrahm 108

Dessert

Warme Rhabarber-Consommé mit Holunderblüten-Sorbet 132

Menüvorschläge

„Vegetarisch“

„Festlich Herbst/Winter“

Menüvorschläge

„Schnell"

Suppe

Kalte Tomatensuppe mit Gurkennudeln, Wassermelone und gebratenen Garnelen 68

Hauptgericht

Thailändisches Hähnchen-Curry in Kokosrahm 110

Dessert

Schoko Brownies mit Äpfeln und Walnüssen 138

„Fisch"

Suppe

Kräuterschaumsuppe mit Rührei-Crostini 70

Hauptgericht

Ragout von Meeresfrüchten und Fisch à la Bouillabaisse 92

Dessert

Basilikum-Quark-Mousse mit Erdbeeren 126

Informationen zu Diabetes

Bücher zum Weiterlesen

„Schlemmen wie ein Diabetiker"
H. Lauber
ISBN 978-3-87409-407-8, 24,80 €
Kirchheim-Verlag, Mainz

„Die Diabetes-Journal-Diät"
K. Metternich
ISBN 978-3-87409-419-1, 13,50 €
Kirchheim-Verlag, Mainz

„Erfolgreich abnehmen bei Diabetes"
Prof. Dr. med. H. Hauner
ISBN 978-87409-384-2, 15,00 €
Kirchheim-Verlag, Mainz

„Zehn Gramm KH = ..."
Dr. med. M. Grüßer, Dr. med. V. Jörgens
ISBN 978-87409-420-7, 2,60 €
Kirchheim-Verlag, Mainz

„100 Kalorien = ..."
Dr. med. M. Grüßer, Dr. med. V. Jörgens
ISBN 978-87409-442-9, 2,60 €
Kirchheim-Verlag, Mainz

„Vor dem Essen Insulin"
Dr. med. M. Grüßer, Dr. med. V. Jörgens
ISBN 978-87409-390-3, 13,70 €
Kirchheim-Verlag, Mainz

Medias 2-Ernährungsspiel „Guten Appetit"
Dr. B. Kulzer et. al.
ISBN 978-87409-340-8, 69,00 €
Kirchheim-Verlag, Mainz

„Diabetes- und Sportfibel"
U. Thurm, Dr. med. B. Gehr
ISBN 978-87409-402-3, 19,90 €
Kirchheim-Verlag, Mainz

„Fit wie ein Diabetiker"
H. Lauber
ISBN 978-87409-438-2, 14,50 €
Kirchheim-Verlag, Mainz

Mehr Informationen zum Buchprogramm unter: www.kirchheim-verlag.de

Diabetes im Internet

- www.diabetes-world.net
- www.diabetes-journal.de
- www.diabetes-verlag.de

Institutionen und Verbände

Deutscher Diabetiker Bund e.V.
Bundesgeschäftsstelle
Goethestraße 27
34119 Kassel
Fon: 05 61/7 03 47 70
Fax: 05 61/7 03 47 71
E-Mail: info@diabetikerbund.de
www.diabetikerbund.de

Deutsche Adipositas Gesellschaft e.V.
Lohbrügger Kirchstraße 65
21033 Hamburg
Fon: 0 40/4 28 75 61 24
Fax: 0 40/4 28 75 61 29
E-Mail: mail@adipositas-gesellschaft.de
www.adipositas-gesellschaft.de

Deutsche Gesellschaft für Ernährung e.V.
Godesberger Allee 18
53175 Bonn
Fon: 02 28/3 77 66 00
Fax: 02 28/3 77 6-800
www.dge.de